LEKTÜRESCHLÜSSEL
FÜR SCHÜLERINNEN UND SCHÜLER

Friedrich Schiller
Maria Stuart

Von Theodor Pelster

Philipp Reclam jun. Stuttgart

Dieser Lektüreschlüssel bezieht sich auf folgende Textausgabe:
Friedrich Schiller: *Maria Stuart*. Stuttgart: Reclam, 1965, 2001 [u. ö.]. (Universal-Bibliothek. 64.)

RECLAMS UNIVERSAL-BIBLIOTHEK Nr. 15310
Alle Rechte vorbehalten
© 2002 Philipp Reclam jun. GmbH & Co., Stuttgart
Gesamtherstellung: Reclam, Ditzingen
Printed in Germany 2008
RECLAM, UNIVERSAL-BIBLIOTHEK und
RECLAMS UNIVERSAL-BIBLIOTHEK sind eingetragene Marken
der Philipp Reclam jun. GmbH & Co., Stuttgart
ISBN 978-3-15-015310-9

www.reclam.de

Inhalt

1. Hinführung zum Werk **5**
2. Inhalt **9**
3. Personen **19**
4. Die Struktur des Werks **36**
5. Wort- und Sacherläuterungen **40**
6. Interpretation **45**
7. Autor und Zeit **64**
8. Rezeption **75**
9. Checkliste: Fragen und Aufgaben **77**
10. Lektüretipps/Filmempfehlungen **80**

Anmerkungen **83**

Raum für Notizen **84**

1. Hinführung zum Werk: Die Schaubühne und ihre Funktionen

In einem Vortrag vor der kurfürstlichen deutschen Gesellschaft in Mannheim zum Thema »Was kann eine gute stehende Schaubühne eigentlich wirken?« hatte Friedrich Schiller als junger Dramatiker am 26. Juni 1784 behauptet: »Die Schaubühne ist mehr als jede andere öffentliche Anstalt des Staats eine Schule der praktischen Weisheit, ein Wegweiser durch das bürgerliche Leben, ein unfehlbarer Schlüssel zu den geheimsten Zugängen der menschlichen Seele.«[1] Nicht Schulen und Hochschulen sind die Orte, an denen auf das Leben vorbereitet wird, und nicht Gesetzgeber, Philosophen, Wissenschaftler und Pädagogen vermitteln das Grundwissen über das Leben der Menschen und die Erwartungen der Gesellschaft, sondern das geschieht laut Schiller vorzüglich durch das Drama und auf der Bühne. Zweifellos wirbt der Autor damit für seine Sache und sein Metier; doch hat er dafür gute Gründe. Auf der Bühne, davon ist er überzeugt, lernt man, wie es im praktischen Leben zugeht, und man kann sich darauf vorbereiten, im gegebenen Augenblick weise zu entscheiden und klug zu handeln. Das gilt vor allem für das Leben in der bürgerlichen Gesellschaft, wo sich die Fragen nach dem, was nützlich und gerecht ist, täglich stellen. Um sie zu beantworten, genügt es nicht, Begriffe wie *Gerechtigkeit*, *Schuld* und *Strafe* wissenschaftlich oder philosophisch definieren zu können, sondern am konkreten Fall muss erörtert werden, wie sich allgemeine Grundsätze und Bedingungen des mensch-

> Die Funktion der Schaubühne

lichen Handelns zusammenfügen lassen. Dazu aber ist es nötig, den Menschen als Einzelwesen zu kennen und zu verstehen, d. h. einen »Schlüssel zu den geheimsten Zugängen der menschlichen Seele« zu haben.

Die Bühnen waren es, so sagt Schiller im gleichen Vortrag, »die den Menschen mit dem Menschen bekannt machten und das geheime Räderwerk aufdeckten, nach welchem er handelt«[2]. Dabei verweist er auf das antike Theater, auf die französischen Klassiker und – in besonderem Maße – auf Shakespeare. Indirekt kündigt er jedoch auch schon das Programm seines eigenen Schaffens an, dessen erste Erfolge – *Die Räuber* – zu diesem Zeitpunkt bereits vorliegen. Durchaus programmatisch heißt es: »Welche Verstärkung für Religion und Gesetze, wenn sie mit der Schaubühne in Bund treten, wo Anschauung und lebendige Gegenwart ist, wo Laster und Tugend, Glückseligkeit und Elend, Torheit und Weisheit in tausend Gemälden faßlich und wahr an dem Menschen vorübergehen […].«[3] Die gleiche Frage, nämlich die Grundfrage des menschlichen Lebens »Was soll ich tun?«, wird von dem Prediger auf der Kanzel, vom Politiker im Parlament oder im Kabinett, vom Richter im Gerichtssaal und eben auch vom Dramatiker auf der Bühne aufgeworfen. Einer der wesentlichen Unterschiede besteht darin, dass die Bühne nicht entscheidet, sondern anschaulich macht, dass sie Handlungen und Haltungen zeigt, »Gegenwart ist«, dass sie »faßlich« macht, was alle angeht. Nicht die Lösungen, die auf der Bühne gezeigt werden, sind das Wichtige, sondern die Problemstellungen. Nicht auf die Antworten kommt es an, sondern auf die Fragen. Voraussetzung ist, dass die Fragen und Probleme aktuell sind, dass der Zuschauer merkt: Hier wird etwas verhandelt, das mich angeht.

Unter den verschiedenen literarischen Gattungen kann das Drama diesem Anspruch in besonderer Weise genügen. Jede Inszenierung ist von der Verpflichtung bestimmt, aktuell zu sein. Diese Aktualität erweist sich nicht unbedingt darin, dass Versatzstücke aus der Lebenswelt des Publikums auf der Bühne präsentiert werden, sondern darin, dass es in die Problemfelder der Figuren auf der Bühne und in ihren Fragehorizont als seinen eigenen hereingeholt wird. Zuschauen muss zu einem aktiven Vorgang weiterentwickelt werden.

> Das Drama als Spiegel der Lebenswelt

Das ist deshalb möglich, weil das Drama immer »in einer permanenten Gegenwart abrollt – also nicht ›damals und dort‹, sondern ›hier und jetzt‹«.[4] Der Stoff eines Dramas mag Hunderte oder Tausende Jahre alt sein; die Handlung, die dem Drama zugrunde liegt, mag sich in einer längst vergangenen Wirklichkeit zugetragen haben: Gespielt wird jetzt und unmittelbar vor den Augen und Ohren des Publikums. Gegenwärtig ist das Spiel, nicht die dargestellte Wirklichkeit. Dieses Spiel ist konkret. Und jede Aufführung ist neue Konkretisierung einer jeweils neuen Inszenierung. Konkret und gegenwärtig reagieren auch die Zuschauer.

Um zu belegen, dass das Drama »nicht nur die konkreteste [...] künstlerische Nachahmung menschlichen Verhaltens«, sondern auch »die konkreteste Art« ist, »in welcher wir über die Lage des Menschen in der Welt denken können«, gibt Martin Esslin in seiner Einführung *Was ist ein Drama?* ein Beispiel:

»Man kann darüber debattieren, ob die Todesstrafe zu rechtfertigen ist oder nicht. Weit schwieriger ist es jedoch, diesen abstrakten Gedankengang, auch wenn er durch Statistiken untermauert ist, auf die konkrete Wirklichkeit zu beziehen, auf die Auswirkung auf das einzelne Individuum. Das können wir nur tun, indem wir uns einen einzelnen Menschen vorstellen, der von der Todesstrafe betroffen ist, und die beste Art, das zu erreichen, ist, einen Fall zu dramatisieren und ihn so konkret nachzuerleben.«[5]

Das Beispiel ist geeignet, direkt auf Friedrich Schillers Drama *Maria Stuart* überzuleiten. Auch hier geht es um ein Todesurteil, um Schuld und Sühne, um Strafe und Gerechtigkeit, aber auch um Politik und die Frage nach dem Nützlichen. Die Fragen überschneiden sich, die Fäden verwirren sich. Man erkennt, wie wichtig es wäre, »einen Schlüssel zu den geheimsten Zugängen der menschlichen Seele« zu haben oder auf eine »Schule der praktischen Weisheit« zurückgreifen zu können. Wer jedoch meint, dass Schlüssel und Weisheit leicht verfügbar seien, muss sich getäuscht sehen. Die Schule der praktischen Weisheit vermittelt nicht Lehren, sondern fordert den Zuschauer zur Stellungnahme heraus.

2. Inhalt

Maria Stuart ist, dem Schema des klassischen Dramas folgend, in fünf Akte eingeteilt, auf die insgesamt 52 Szenen entfallen.

Erster Aufzug

1. Im Schloss zu Fotheringhay wird seit Jahren Maria Stuart, einst Königin von Schottland, gefangen gehalten. Man wirft ihr vor, einen Umsturz in England geplant zu haben, um Elisabeth zu beseitigen und selbst Königin von England zu werden. Ein Gerichtsprozess hat stattgefunden, dessen Ausgang Maria noch nicht kennt. Vorläufig wird sie als Gefangene streng bewacht. Sir Paulet, der Bewacher, sucht in den Gefängnisräumen nach verborgenem Schmuck, der als Bestechungsmittel dienen könnte, und nach geheimen Briefen, durch die Maria Kontakt mit Freunden und Befreiern außerhalb des Gefängnisses und über England hinaus hätte gehabt haben können.

Die Situation der Maria Stuart

2. Maria ist über die Handlungsweise Sir Paulets keineswegs entsetzt. Sie hat mit der Vergangenheit abgeschlossen und bittet Sir Paulet, ihr einen Priester ihrer Kirche zu vermitteln, vor allem aber, Elisabeth einen Brief zu übergeben, in dem sie »um eine Unterredung mit ihr selbst« (169) bittet.

3. Mortimer, der Neffe Sir Paulets, kommt, um dem Onkel zu sagen, dass man ihn suche.

4. In einem langen Gespräch mit ihrer Amme Kennedy blickt Maria auf ihr Leben zurück und bedenkt zugleich ihre Situation. Maria hatte in der Tat nach dem Tod ihres ersten Mannes, Franz II. von Frankreich, Ansprüche auf den englischen Thron erhoben; sie hatte dann als Königin von Schottland ihren Vetter Lord Darnley geehelicht, der mit ihrem Wissen ermordet wurde; den mutmaßlichen Mörder Bothwell hatte sie in dritter Ehe geheiratet; sie war nach England geflohen, als sich der schottische Adel gegen sie erhoben hatte. Maria trägt moralisch an ihrer Schuld, obwohl ihr von Seiten der Kirche vergeben wurde. Sie bestreitet allerdings, dass England juristisch befugt sei, ihr als Königin den Prozess zu machen.

5. und 6. Mortimer kommt zurück, bittet, Maria allein zu sprechen, und offenbart sich ihr als Abgesandter ihres Onkels, des Kardinals von Lothringen; er eröffnet ihr, sie retten zu wollen. Glaubwürdig legt er dar, dass er in Frankreich, Italien und Rom neue Eindrücke gewonnen habe. Er habe den Glauben und die Seiten gewechselt, spiele indes am englischen Hof die alte Rolle weiter, um desto schneller und sicherer die Rettung Marias betreiben zu können. Die Zeit dränge, da das Todesurteil über Maria gefällt sei und die Vollstreckung bevorstehe. Maria, deren letzte Hoffnung bisher darin bestand, von Leicester, ihrem einstigen Verehrer, gerettet zu werden, billigt den Rettungsplan Mortimers unter der Bedingung, dass sich Mortimer mit Leicester abspreche.

7. Das Gespräch wird abgebrochen, als sich Lord Burleigh ankündigt, der das Gerichtsurteil überbringt. Maria legt dar, dass dieses Gericht nicht befugt gewesen sei, über sie zu urteilen. Außerdem macht sie auf eine ganze Reihe von Formfehlern im Prozess aufmerksam. Nicht einmal die Tat, deretwegen sie angeklagt sei – »Tumult im Königreich« (850) – sei ihr nachgewiesen worden. In Wahrheit gehe es nicht um

Recht und Gerechtigkeit, sondern um Macht: »Ich bin die Schwache, sie die Mächt'ge« (961); und: »Ermorden lassen kann sie mich, nicht richten!« (971).
8. Lord Burleigh ist nicht unbeeindruckt von der Argumentation Marias. Er sucht nach einer glatten Lösung, Maria ohne Aufsehen zu beseitigen, und will Sir Paulet veranlassen, Maria im Gefängnis umzubringen oder umbringen zu lassen. Das ist jedoch gegen dessen Ehre: »Kein Mörder soll sich ihrer Schwelle nahn [...]« (1066).

Zweiter Aufzug

1. Im Palast von Westminster spricht man über die Festlichkeiten, die anlässlich des diplomatischen Besuchs einer französischen Delegation am englischen Hof stattfanden.
2. Während eines Empfangs versuchen der französische Botschafter Graf Bellievre und der Gesandte Graf Aubespine Königin Elisabeth eine verbindliche Antwort auf das Heiratsangebot des französischen Königssohns zu entlocken.

> Die Situation der Elisabeth

Elisabeth ist sich bewusst, dass ihr Volk sie verheiratet sehen möchte, damit die Nachfolgefrage gesichert sei. Da sie jedoch am liebsten als »jungfräuliche Königin« (1160) in die Geschichte eingehen möchte, schiebt sie eine Entscheidung hinaus.
3. Im Staatsrat wird diskutiert, wie mit Maria nach der Verkündigung des Gerichtsurteils zu verfahren sei. Lord Burleigh empfiehlt, möglichst schnell den Vollstreckungsbefehl zu unterzeichnen und ausführen zu lassen. Der Graf von Shrewsbury hält die Hinrichtung für »ein ungerechtes Mittel« (1317) und plädiert für »Barmherzigkeit« (1359). Graf

Leicester argumentiert politisch. Mit der Empfehlung »Sie lebe – aber unterm Beile« (1452) möchte er erreichen, dass England einerseits vor Maria und ihren Anhängern sicher sei, dass andererseits von niemandem eine Anklage gegen England wegen Königsmord erhoben werden könne. Elisabeth will die »Gründe prüfen / Und wählen, was das Bessere mir dünkt« (1456 f.).

4. Als Sir Paulet und sein Neffe Mortimer zu den Beratenden treten, lässt sich Elisabeth von Mortimer über die Situation am französischen Hof berichten. Von Paulet erhält sie jenen Brief ausgehändigt, den Maria ihrem Wächter übergab und in dem sie um eine Unterredung mit Elisabeth bat. Burleigh ist strikt gegen ein Treffen der Königinnen. Shrewsbury möchte diese »Gnade« (1521) gewährt sehen; und auch Leicester hält es »der großen Seele der Elisabeth« würdig (1564 f.), die Bitte zu erfüllen.

5. Sobald Elisabeth mit Mortimer allein ist, gibt sie diesem gegenüber zu, dass sie »die eigne Hand vom Blute rein behalten« (1593) möchte und auf jemanden hofft, der ihr eines Morgens die Botschaft brächte: »Maria Stuart, deine blut'ge Freundin / Ist heute nacht verschieden!« (1624). Mortimer nimmt diesen indirekt erteilten Auftrag zum Schein an.

6. In einem Monolog bekräftigt Mortimer, dass er sein Versprechen gegeben hat, um Elisabeth, »die falsche gleisnerische Königin« (1632), zu täuschen und Maria zu retten.

7. Sir Paulet spürt, dass Mortimer in die Hofintrigen verwickelt wird, und warnt seinen Neffen. Als Graf Leicester erscheint, zieht sich Paulet zurück.

8. Leicester und Mortimer geben sich gegenseitig als Sympathisanten Marias zu erkennen. Nach einer wechselvollen Lebensgeschichte ist Leicester an den Punkt gekommen, einzusehen, dass er bei Elisabeth keine Chancen mehr hat,

dagegen Maria für sich einnehmen kann, wenn er sie befreit. Im Gegensatz zu Mortimer schrickt er allerdings vor »einer kühnen Tat« (1913) zurück und setzt auf List und Verstellung.
9. Durch das plötzliche Erscheinen Elisabeths verliert Leicester für einen Augenblick die Fassung, fängt sich aber sofort und erklärt: »Geblendet steh ich da von deiner Schönheit« (1948). Elisabeth ist für solche Komplimente nicht unempfindlich, hat man ihr doch mitgeteilt, dass Maria, ihre Konkurrentin, reizvoll auf Männer wirke. Leicester nutzt die Situation, Elisabeth zum Zusammentreffen mit Maria zu überreden – in »Fotheringhay« so »ganz wie von ohngefähr« (2063).

Dritter Aufzug

1. In Fotheringhay ist es Maria zum ersten Mal nach Jahren erlaubt, sich draußen im Park aufzuhalten. Sie sieht in dieser Gunst ein gutes Vorzeichen.

Die Auseinandersetzung der beiden Königinnen

2. Von Sir Paulet erfährt Maria, dass Elisabeth in der Nähe und zu einer Unterredung mit ihr bereit sei.
3. Auch Graf Shrewsbury kommt, um Maria, die sich der Situation nicht gewachsen fühlt, auf das Zusammentreffen vorzubereiten.
4. Plötzlich tritt Elisabeth auf, scheinbar in ein Gespräch mit Leicester, dann mit Paulet vertieft, tatsächlich aber ganz auf Maria fixiert, die, Elisabeth erkennend, Böses ahnt. – Die Unterredung der beiden Königinnen – Höhepunkt des Dramas – nimmt einen verhängnisvollen Verlauf. Auf die Bitt-

rede Marias reagiert Elisabeth nicht – wie erwartet – »edelmütig« (2253), sondern offen triumphierend. Das veranlasst Maria, die Redeweise zu wechseln und »den gift'gen Pfeil« (2443) aufzulegen, indem sie auf Elisabeths zweifelhafte Herkunft verweist und damit die Legitimität ihrer Herrschaft bestreitet. Ohne zu antworten, geht Elisabeth »schnell ab, die Lords folgen ihr in der höchsten Bestürzung« (245 f.).

5. Maria genießt den »Augenblick der Rache, des Triumphs« (2457), obwohl sie wissen muss, dass sie nun nicht mehr auf Gnade rechnen kann.

6. Auch Mortimer glaubt: »Du hast gesiegt!« (2469), obwohl auch er weiß, dass der »Gnadenweg« (2498) jetzt versperrt ist. Er will Maria nun mit Gewalt befreien und fügt hinzu: »[…] ich will dich auch besitzen« (2548). Maria fühlt sich nun doppelt bedroht – von ihren Feinden und von ihren Freunden.

7. Ein Gerücht verbreitet sich: Elisabeth sei auf dem Weg nach London ermordet worden.

8. Es bestätigt sich, dass einer aus der Gruppe um Mortimer ein Attentat auf Elisabeth ausgeführt hat, das aber gescheitert ist: Elisabeth lebt.

Vierter Aufzug

1. Aubespine, der französische Gesandte, erscheint am Hof in Westminster, um sich nach dem Wohlergehen Elisabeths zu erkundigen, und erfährt, dass für das Attentat »ein Franke« (2647), ein »Papist« (2648), verantwortlich sei.

> Die Aktionen Elisabeths

2. Burleigh reagiert auf das Geschehene, indem er den Befehl zur Hinrichtung Marias vorbereiten lässt, die diplomatischen Beziehungen zu Frankreich abbricht und Aubespine ausweist.

3. Die Konkurrenten Burleigh und Leicester treffen aufeinander. Leicester wirft dem Großschatzmeister Burleigh vor, dass seine Frankreich-Politik gescheitert sei. Burleigh wirft Leicester vor, mit Elisabeth ein falsches Spiel getrieben zu haben.

4. Leicester – nun allein – merkt, dass er zumindest von Burleigh »durchschaut« (2741) ist. Das bestätigt Mortimer, der schon auf der Flucht ist und Leicester bewegen will, für Maria einen letzten Rettungsversuch zu unternehmen. Doch Leicester ist nur auf die eigene Rettung aus. Er ruft die Wache herbei, die »diesen Staatsverräter« (2795) verhaften soll. Doch Mortimer entzieht sich der Gefangennahme, indem er Selbstmord begeht.

5. Elisabeth, noch aufgebracht durch den »Spott« (2821), der ihr in dem Streit mit Maria widerfuhr, ahnt, dass sie von Leicester hintergangen wurde, folgt allen Vorschlägen Burleighs und ist doch unsicher, ob sich Leicester nicht »rechtfert'gen könnte« (2872).

6. Tatsächlich erscheint Leicester unangemeldet und unerlaubt; er weist alle Vorwürfe einer Verschwörung zurück und stellt sich als der eigentliche Retter Elisabeths dar, der den falschen Mortimer als »Staatsverräter« (3003) entlarvt und der Wache übergeben habe. Elisabeth, die von Leicesters Version nur halb überzeugt ist, verfügt, dass Leicester – zusammen mit Burleigh – die Vollstreckung des Richterspruchs an Maria überwachen soll.

7. Der Graf von Kent berichtet, dass das Volk, aufgeschreckt durch Gerüchte, die gerettete Elisabeth sehen möchte und auf die Hinrichtung Marias dränge.

8. Davison, der Staatssekretär, bringt den Hinrichtungsbefehl zur Unterschrift.
9. Shrewsbury, der Elisabeth vor dem Attentäter beschützt hat, beschwört Elisabeth noch einmal, nicht übereilt und nicht im Zorn ein Todesurteil zu unterzeichnen, das als Ausdruck von »Tyrannei« (3135) gedeutet werden könnte. Burleigh dagegen fordert aus Staatsraison den Tod Marias.
10. Elisabeth steht vor einer Entscheidung, der sie ausweichen möchte, der sie aber nicht ausweichen kann. Außenpolitisch und innenpolitisch ist die Lage angespannt. Letzten Endes entscheidet sie aus persönlichen Motiven: Sie unterschreibt den Vollstreckungsbefehl, weil sie von Maria »Bastard« (3243) genannt wurde und damit in ihrer Ehre und in ihrer Stellung getroffen ist.
11. Das unterschriebene Dokument übergibt Elisabeth ohne eine weitere Anweisung Davison.
12. Als Elisabeth abtritt, kommt Burleigh, lässt sich von Davison das Urteil geben und geht seinen Weg.

Fünfter Aufzug

1. Im Kerker von Fotheringhay versammeln sich die Diener und Getreuen, allen voran der ehemalige Haushofmeister Melvil, um Maria in ihrer Todesstunde beizustehen. Die Amme Kennedy ist sicher: »Maria Stuart wird / Als eine Königin und Heldin sterben« (3379f.).

Die Hinrichtung Maria Stuarts

2. bis 5. Die Kammerfrauen Marias, ihre Amme, ihr Arzt und Melvil sehen der Hinrichtung entgegen.
6. Maria erscheint, gefasst, und erläutert:
Die Krone fühl ich wieder auf dem Haupt,
Den würd'gen Stolz in meiner edlen Seele (3493 f.).

Sie nimmt von allen Abschied und verfügt über ihren Nachlass.
7. Als Maria darüber klagt, dass sie auf die Tröstungen der katholischen Kirche verzichten müsse, gibt sich Melvil als inzwischen geweihter Priester zu erkennen, vor dem sie die Beichte ablegen und der ihr das Altarsakrament reichen kann. In der Beichte wird deutlich, dass sie gerade in dem Punkt unschuldig ist, dessentwegen sie vom Gericht verurteilt wurde: Sie hatte keinen »Anteil an Babingtons und Parrys Hochverrat« (3713). Sie erklärt:

> [...] nie hab ich durch Vorsatz oder Tat
> Das Leben meiner Feindin angetastet! (3729f.).

8. Burleigh, Leicester und Paulet nehmen die letzten Bitten Marias entgegen.
9. Auf dem Weg zum Schafott spricht Maria voller Ironie Leicester an:

> Ihr haltet Wort, Graf Leicester. – Ihr versprachet
> Mir Euren Arm, aus diesem Kerker mich
> zu führen, und Ihr leihet mir ihn jetzt (3819ff.).

10. Im Innern vernichtet, verfolgt Leicester aus der Distanz die Hinrichtung.
11. Im königlichen Palast in London wartet Elisabeth auf Nachrichten.
12. Sie erfährt, dass Leicester und Burleigh in der Nacht London verlassen haben; sie schließt daraus: »Sie ist tot!« (3896) und wird trotzdem von Angst gepackt.
13. Graf Shrewsbury teilt mit, dass er durch eine erneute Befragung von Kurl und Nau, den Zeugen im Hochverratsprozess, erfahren habe, dass deren Aussagen falsch waren, dass Maria also zu Unrecht verurteilt sei.
14. Als Elisabeth den Hinrichtungsbefehl von Davison zurückfordert, gesteht dieser, ihn Burleigh gegeben zu haben.

15. Burleigh, der mit der Vollzugsmeldung aus Fotheringhay kommt, wird von Elisabeth verbannt. Davison wird ein Prozeß in Aussicht gestellt. Shrewsbury, auf den sich Elisabeth in Zukunft ganz verlassen will, bittet um Entlassung aus den Ämtern. Und Leicester, der einstige Vertraute und spätere Verräter, »ist zu Schiff nach Frankreich« (4032).

3. Personen

Die Hauptpersonen des Dramas sind Gestalten der europäischen Geschichte: Elisabeth I. lebte von 1533 bis 1603, herrschte als Königin von England und Irland von 1558 bis 1603 und hat in ihrer langen Regierungszeit das durch innere Wirren und ausländische Feinde bedrohte England zu Frieden und Ansehen gebracht. Maria Stuart lebte von 1542 bis 1587, wurde durch den Tod ihres Vaters unmittelbar nach ihrer Geburt Königin von Schottland. Später wurde sie von den schottischen Lords gezwungen abzudanken, floh nach England und hoffte auf Elisabeths Hilfe. Diese sah in ihr jedoch eine Konkurrentin, ließ sie verhaften, verurteilen und schließlich am 8. Februar 1587 enthaupten.

Die historischen Gestalten

Friedrich Schiller konnte sich aus umfangreichen Geschichtswerken ein Bild von der Zeit und vom Leben und Handeln der historischen Personen machen. Geschichtlich bezeugt sind außer den Hauptgestalten auch die meisten der anderen Personen des Dramas. So war Robert Dudley, Graf von Leicester, tatsächlich langjähriger Vertrauter von Königin Elisabeth; Georg Talbot, Graf von Shrewsbury, hatte einige Zeit Maria zu bewachen; William Cecil, Baron von Burleigh, war geschickter Berater Elisabeths und bestimmte die Linien der Politik. Sogar Hanna Kennedy, die Kammerfrau Marias, und Melvil, ihr einstiger Haushofmeister, sind in Geschichtsquellen belegt.

So mag es interessant sein, die stoffliche Vorlage mit der Konkretisierung im Drama zu vergleichen und dabei Übereinstimmungen und Unterschiede herauszufinden. Vorrangig ist jedoch, die Figuren der Dichtung, also die Personen des Dramas, aus sich selbst, aus dem vorgegebenen Text und aus dem Kontext zu verstehen.

Die Hauptpersonen

Maria wird dem Zuschauer als die eingekerkerte Königin vorgestellt. Sie ist bis aufs Letzte eingeschränkt: den restlichen Schmuck hat man ihr gerade genommen, Bücher und Musikinstrumente hat man ihr schon lange vorenthalten, ihre persönlichen Briefe werden unmittelbar an die englischen Gerichtsinstanzen übergeben. Die Gefangene scheint jedoch gefasst zu sein und mit dem Leben abgeschlossen zu haben. In dieser Situation darf sie des Mitgefühls, vielleicht des Mitleids durch den Zuschauer gewiss sein. Eine eher ausgeglichene Einschätzung ist erst möglich, wenn man die Vorwürfe, die Paulet macht, mit den Selbstvorwürfen, die Maria im Gespräch mit ihrer Amme Kennedy zusammenträgt, in einen Zusammenhang bringt und damit die Lebensgeschichte der vertriebenen Königin von Schottland überblickt.

> Maria Stuart in Gefangenschaft

Sie, »die in der Wiege Königin schon war« (47), ist auch nach Ansicht ihrer Amme eine »Weicherzogene« (46). Sie wuchs in Frankreich auf und genoss dort »jeder Freuden Fülle« (49). Ihr »Stammbaum«, d. h. ihre »Abkunft von dem hohen Hause der Tudor« (518 ff.), eröffnete glänzende Perspektiven für die Zukunft. Als sie jedoch, in Frankreich verwitwet, ihre Herrschaft als Königin von Schottland antrat, missbrauchte sie ihre Macht zu ihrem persönlichen Vorteil. Es gilt als erwiesen, dass sie ihren Gemahl hat »ermorden lassen« und »den Mörder ehelichte« (1364f.). Maria selbst

> Herkunft und Jugend Marias

begeht den »Jahrestag dieser unglückseligen Tat [...] mit Buß' und Fasten« (278 f.); »der blut'ge Schatten König Darnleys« (272) verfolgt sie bis in die Todesstunde, in der sie noch einmal beichtet:

> Den König, meinen Gatten, ließ ich morden
> und dem Verführer schenkt' ich Herz und Hand!
> (3697)

Maria ist also durchaus schuldig und schuldbewusst und fühlt sich weder dadurch erleichtert, dass die Amme die Vergehen bagatellisiert – »Ergriffen / Hatt' Euch der Wahnsinn blinder Liebesglut« (325) –, noch dadurch, dass sie ihre Schuld gebeichtet hat und dass daher – nach der Lehre der katholischen Kirche – »der Himmel« ihr »vergeben« (285) hat. Während die Amme ihr einredet:

> Seit dieser Tat, die Euer Leben schwärzt,
> Habt Ihr nichts Lasterhaftes mehr begangen,
> Ich bin ein Zeuge Eurer Besserung! (369 ff.),

hält Maria nicht die Vergebung, sondern »die blut'ge Tat« (320) selbst in Erinnerung:

> Und blutig wird sie auch an mir sich rächen (321).

Doch nicht dieser Vergehen wegen wird Maria in England festgehalten und nicht diese Untaten waren Gegenstand des Prozesses, auf dessen Ergebnis Maria wartet. Angeklagt ist sie, an einem »Tumult im Königreich [...] zum Nutzen irgendeiner / Person, die Rechte vorgibt an die Krone« (850–852), beteiligt gewesen zu sein. Im Prozess hat Maria diese Vorwürfe nicht entkräften können; dass sie nicht gerechtfertigt sind, erfährt der Zuschauer erst im Beichtgespräch vor der Hinrichtung, als sie beteuert:

Der Prozess gegen Maria

> [...] nie hab ich durch Vorsatz oder Tat
> Das Leben meiner Feindin angetastet! (3729 f.).

Das Urteil »Schuldig« (579), das die Richter gesprochen haben, entspricht also nicht dem tatsächlichen Sachverhalt. Der ganze Prozess, der eine Reihe von formalen Fehlern aufwies, war auf die Vernichtung Marias, nicht auf Rechtsfindung angelegt. Maria hat das durchschaut und bringt Burleigh durch ihre genauen Sachkenntnisse und durch eine klare Argumentation in einen Rechtfertigungszwang, dem er sich entzieht, da er ihm nicht gewachsen ist. Maria hat längst erkannt, dass sie nicht auf »Gerechtigkeit« (965) bauen kann; ebenso misstraut sie den Befreiungsplänen Mortimers, die auf »Gewalt« und »List« (661) gegründet sind; sie setzt ihre Hoffnung allein noch auf eine Unterredung mit der regierenden Königin. Obwohl es zunächst schien, dass Maria mit dem Leben abgeschlossen habe, sieht man sie aufleben, als sie nach jahrelanger Einkerkerung plötzlich und unerwartet nach draußen in den Park von Fotheringhay gelassen wird. Hoch emotional freut sie sich an den »grünen Bäumen« (2087), an den vorüberziehenden »Wolken« (2098), trinkt geradezu »die freie, die himmlische Luft« (2082). Sie beginnt zu »träumen« (2089) und zu »schwärmen« (2106), glaubt, dass »die kleine Gunst [...] des größeren Glücks / Verkünderin« (2119) ist, und nimmt an, bald das Gefängnis an der Hand von Lord Leicester verlassen zu können, dem sie die wiedergewonnene Freiheit zu verdanken glaubt.

Aus den schwärmerischen Überlegungen wird sie dadurch herausgerissen, dass man ihr sagt, die erbetene Unterredung mit Königin Elisabeth stehe unmittelbar bevor. Das Hochgefühl schlägt um in tiefe Verzagtheit, aus der sie sich nur langsam befreit. Sie vertraut den Regeln und Erfahrungen der Rhetorik und nähert sich »ehrerbietig, mit Ge-

Die »Unterredung«

lassenheit« (2195) der herrschenden Königin. Als diese jedoch keineswegs die erwartete »Großmut« (2196) zeigt, vergisst sie alle Erfolg versprechenden Redestrategien und spricht offen aus, was sie denkt. Die Unterredung wird zum Streitgespräch, durch das Maria ihr Leben verwirkt, aber ihre Identität als Königin zurückgewinnt. Der Streit der Königinnen ist nicht nur ein politischer Machtkampf, sondern auch ein persönliches Kräftemessen.

Erst in der Todesstunde findet Maria zur endgültigen Gefasstheit. Die Amme Kennedy kündigt an: »Maria Stuart wird / als eine Königin und Heldin sterben« (3379f.). Maria nimmt Abschied, empfängt die Sakramente der katholischen Kirche und wartet, dass

> Mein Kerker aufgeht und die frohe Seele sich
> Auf Engelsflügeln schwingt zur ew'gen Freiheit (3483).

Von irdischen Versuchungen und Bedrängnissen erlöst, wendet sie sich geläutert dem Jenseits zu. Durch diese Haltung fühlt sie sich jedoch auch menschlich und politisch gerechtfertigt:

Die »edle Seele«

> Die Krone fühl ich wieder auf dem Haupt,
> Den würd'gen Stolz in meiner edlen Seele! (3493)

Sie stirbt – unschuldig – als Märtyrerin und als Heilige, da sie für längst vergebene Schuld büßt. Als »edle Seele« wird sie von den Überlebenden als Vorbild verehrt werden.

Elisabeth wird als die machtvoll regierende, von allen Seiten umworbene Königin eingeführt. Eine französische Gesandtschaft hat die Werbung des französischen Königssohns überbracht, die ein Ritterspiel allegorisch unterstreicht, in dem Elisabeth, »die keusche Festung« durch »Frankreichs Kavaliere«, die das »Verlangen« (1084) darstellen, angegrif-

Elisabeth als Herrscherin

fen wird. Doch Elisabeth zögert eine Entscheidung hinaus. Zwar fühlt sie sich geehrt; doch erklärt sie, ihr Wunsch sei immer gewesen, »unvermählt zu sterben« (1157). Sie hadert einerseits mit der Rolle der Frau, zu deren »Naturzweck« es gehöre, dem Manne »unterwürfig« (1184) zu sein. In dieser Hinsicht habe »die Königin [...] nichts voraus / Vor dem gemeinen Bürgerweibe« (1208). Zum andern beklagt sie die Könige, die nur »Sklaven ihres Standes« seien und »dem eigenen Herzen [...] nicht folgen dürfen« (1156). Unklar ist, ob diese Aussagen Teil eines diplomatischen Ausweichmanövers oder ehrliche Überzeugungen sind. Sie meint »regiert zu haben wie ein Mann und wie ein König« (1170) und befürchtet doch, dass das Volk sie nur als Übergangsregentin einschätzt, wenn es verlangt, dass die Königin ihre »jungfräuliche Freiheit« dem »künft'gen Wohl« (1165 f.) des Volkes opfern solle. Andererseits beneidet sie »andre Weiber«, die »lieben« und »erhöhen« (1970), wen sie mögen.

Tatsächlich hat sich Elisabeth ihre Position als Königin von England und Irland schwer erkämpft. Von ihrem Vater Heinrich war sie als »Bastard« (2447) zunächst verworfen worden. Sie wurde während der Konfessions- und Erbfolgekriege zeitweise »in des Towers Nacht« (1381) geworfen und hat unter großen Anstrengungen ihr »Recht« durchsetzen können, »das Geburt ihr gab« und das der »Schluss der Parlamente [...] bestätigte« (1420). Jetzt, so sagt ihr jedenfalls Robert Dudley, Graf von Leicester, steht sie »blühend da in Jugendkraft« (1432).

> Elisabeths Jugend

Dennoch ist ihre Aussage »Die Könige sind nur Sklaven ihres Stands« (1155) ernst zu nehmen. Elisabeth trägt an der Verantwortung, die sie für ihre »Untertanen« (1161) hat. Obwohl sie als absolutistisch regierende Monarchin einzuschätzen ist, fühlt sie sich dem »Staatsrat« und dem »Parlament« (1320) verpflichtet. Sie weiß aber auch, dass sie letzten Endes selbst die Entscheidungen zu treffen hat. Es klingt nicht sehr souverän, wenn sie die Staatsratssitzung mit den Worten beschließt:

> Mit Gottes Beistand, der die Könige
> Erleuchtet, will ich Eure Gründe prüfen
> Und wählen, was das Bessere mir dünkt. (1457ff.)

Ob es ihr tatsächlich darum geht, das Bessere zu finden – was auch immer das sei –, und ob sie tatsächlich Gründe und Gegengründe abzuwägen bereit ist, bleibt fraglich. Sehr viel wahrscheinlicher ist, dass sie sich von der inhaftierten Maria in einer Art befreien will, dass man ihr keine Vorwürfe machen kann. Sie möchte den Schein der gerecht und politisch klug handelnden Königin wahren, aber Maria beseitigt sehen. Um das zu erreichen, versucht sie nacheinander Sir Paulet, Mortimer und Davison als Handlanger einzusetzen.

Mit jedem dieser Schritte verliert sie an Souveränität und Würde. Sie handelt gewissenlos, wenn es ihr einzig darum geht, »die eigne Hand vom Blute rein« (1593) zu halten und »den Schein [zu] retten« (1598).

Bis zur persönlichen Begegnung mit Maria mögen die Überlegungen der regierenden Monarchin, die sich bedroht fühlt, politisch motiviert sein. Nach dem offenen Streit mit der gefangenen Königin, der vor den Augen Leicesters und Mortimers ausgetragen wird, treten persönliche Motive in den Vordergrund. Elisabeth hat sich bereit gefunden, sich als »Weib« in Bezug auf »Reiz« (1951, 1992, 2027), »Schönheit« (1948, 2029, 2037) und »Adel der Gestalt« (2009) auf einen Vergleich mit Maria einzulassen und ist in diesem Vergleich unterlegen. Sie erkennt im Nachhinein, dass Leices-

> Elisabeth als Frau

ter, dem sie vertraute, ein böses Spiel mit ihr getrieben hat. Er hat sie mit ihrer »Schwäche« (2829) vorgeführt und dem »Spott« (2821) ausgesetzt. Ihre direkte Reaktion lautet: »O sie bezahle mir's mit ihrem Blut« (2844). Vergeblich mahnt Shrewsbury:

> Du selbst bist außer dir, bist schwer gereizt,
> Du bist ein Mensch, und jetzt kannst du nicht richten
> (3089 f.).

Elisabeth unterschreibt den Hinrichtungsbefehl und gesteht sich selbst ein, dass sie aus purer Rache handelt:

> Ein Bastard bin ich dir? – Unglückliche!
> Ich bin es nur, solang *du* lebst und atmest (3243 f.).

Am nächsten Morgen wird Maria hingerichtet sein; Elisabeth wird jedoch nicht frei sein, sondern verlassen. Während sich die gerichtete Maria als unschuldig erweist, hat sich die richtende Elisabeth in Schuld verstrickt.

Die Personengruppe um Elisabeth

Nach der Monarchin ist der Staats- oder Kronrat die wichtigste Instanz für die Politik des englischen Staates. Dieser Rat hat in der absoluten Monarchie zwar keine Entscheidungskompetenz; seine Beratungskompetenz ist trotzdem hoch geschätzt, da die Mitglieder Autoritäten von Rang sind.

> *Der Kronrat*

Wilhelm Cecil, Baron von Burleigh, bekleidet das Amt des Großschatzmeisters und ist der wichtigste Berater der Königin. Im Staatsrat erhält er als erster das Wort; in schwierigen Situationen wird er als erster von der Königin zu Konsultationen herbeigerufen.

> *Burleigh – der Pragmatiker*

3. PERSONEN

Burleigh ist ein zuverlässiger, treuer und tatkräftiger Berater. Er sieht es als seine höchste »Pflicht« (3168) an, Schaden vom »Vaterlande« (3169), also von England abzuwehren und für das »Volk« (3170) das Beste zu erreichen. Deshalb hat er sich lange um gute Beziehungen zu Frankreich bemüht, bricht diese aber sofort ab, als er erfährt, dass von der französischen Botschaft aus ein Attentatsversuch gegen Elisabeth ausging. Um den inneren Frieden zu bewahren, stützt er die anglikanische Kirche und fürchtet, dass »der alte Aberglaube wiederkehren« (3174) könne. Er ist jedoch nicht von Glaubensgrundsätzen und nicht von philosophischen Prinzipien bestimmt; seine Überlegungen orientieren sich an der Nützlichkeit für Staat und Volk; deshalb ist er als Pragmatiker anzusehen. In den Überlegungen, wie mit der inhaftierten Maria zu verfahren sei, vertritt er eine kompromisslose Linie:

Hier ist nicht Zeit zu weichlichem Erbarmen,
Des Volkes Wohlfahrt ist die höchste Pflicht (3181 f.).

Deshalb hat er nicht nur den Gerichtsprozess beeinflusst: Er überbringt auch selbst der Verurteilten den Gerichtsspruch und setzt alle Überzeugungskraft ein, um Elisabeth dazu zu bewegen, die Hinrichtung Marias zu veranlassen. In der Staatsratssitzung erklärt er:

Du musst den Streich erleiden oder führen.
Ihr Leben ist dein Tod! Ihr Tod dein Leben! (1293 f.).

Es ist nur konsequent, wenn er vor jedem Gnadenerweis warnt und wenn er nichts davon wissen will, den Gerichtsprozess noch einmal aufzurollen, weil formale Fehler unterlaufen sind. Sobald er den unterschriebenen Befehl zur Hinrichtung Marias sieht, nimmt er ihn mit einem »O gebt! Gebt her!« (3339) dem Schreiber Davison aus der Hand und eilt zum sofortigen Vollzug nach Fotheringhay.

28 3. PERSONEN

Er glaubt, im Interesse des Staates und der Königin gehandelt zu haben, als er den Vollzug mit den Worten meldet:

> Lang lebe meine königliche Frau,
> Und mögen alle Feinde dieser Insel
> Wie diese Stuart enden! (3994–96).

Doch Elisabeth will die politische Verantwortung für die Hinrichtung nicht tragen. Sie wirft Burleigh Amtsanmaßung vor und erklärt:

> Drum seid verbannt von unserm Angesicht!
> [...]
> Man führ' ihn nach dem Tower, es ist mein Wille,
> Daß man auf Leib und Leben ihn verklage (4006–11).

Burleigh, der das vermeintliche Staatsinteresse über Recht und Gerechtigkeit setzte, wird ein Opfer seiner Politik und der Königin, die ihren treuen Berater fallen lässt, wenn es ihr persönlich nützlich zu sein scheint.

Georg Talbot, Graf von Shrewsbury, seit 12 Jahren Lordsiegelbewahrer der Monarchin, ist an Jahren der Älteste des Rats. Auch er gilt als unbedingt treu und zuverlässig. Sein Ansehen steigt noch in dem Augenblick, als er bei dem Attentatsversuch der Königin das Leben rettet.

> Shrewsbury – der Gerechte

Shrewsbury war der erste Wächter der Maria, als diese beim Betreten Englands gefangen genommen wurde. Auch ihm liegt das Wohl des Staates, des Volkes und Elisabeths, der Herrscherin, am Herzen und er wünscht:

> Mögst du noch lange leben, Königin,
> Die Freude deines Volks zu sein, das Glück
> Des Friedens diesem Reiche zu verlängern (1306–08).

Anders als Burleigh ist ihm jedoch nicht jedes Mittel recht, dem Staat einen augenblicklichen Nutzen zu verschaffen. So warnt er denn auch, dem Vorschlag Burleighs zu folgen:

[...] – denn die Hinrichtung
Der Stuart ist ein ungerechtes Mittel (1316f.).

Für ihn stehen Recht und Gerechtigkeit höher als politischer Vorteil. Folglich bemüht er sich, die Unstimmigkeiten, die sich im Gerichtsprozess ereigneten, aufzuklären und zu beseitigen. Er warnt Elisabeth, aus gekränkter Eitelkeit, aus Hass und Eifersucht den Hinrichtungsbefehl zu unterschreiben und bittet um Aufschub und erneute Prüfung. Er ist grundsätzlich skeptisch gegenüber Urteilen, die in einem absolutistisch geführten Staat gesprochen werden, weil diese Sprüche darauf ausgerichtet sind, dem Monarchen zu gefallen. Er denkt in anderen Dimensionen:

England ist nicht die Welt, dein Parlament
Nicht der Verein der menschlichen Geschlechter.
Dies heut'ge England ist das künft'ge nicht (1324–26).

Er tritt für ein unabhängig von Personen- und Staatsinteressen gültiges Sittengesetz ein, in dem Ideen wie Gerechtigkeit und Recht absolute Geltung haben. Humanität gilt ihm mehr als Staatskalkül. So empfiehlt er denn auch – wiederum im Gegensatz zu Burleigh –, dem Wunsch Marias um eine Unterredung mit Elisabeth zu folgen:

Reich ihr die Hand, der Tiefgefallenen;
Wie eines Engels Lichterscheinung steige
In ihres Kerkers Gräbernacht hinab – (1547–49).

Doch seine Konzeption findet wenig Anklang. Die Dinge entwickeln sich anders, als Shrewsbury hofft. Konsequenterweise bittet er am Ende um Entlassung:

Mir aber, große Königin, erlaube,
Daß ich das Siegel, das du mir zwölf Jahre
Vertraut, zurück in deine Hände gebe (4018–20).

3. PERSONEN

Die Zeit – so darf man Schiller verstehen – ist noch nicht reif für die politischen Vorstellungen Shrewsburys.

Robert Dudley, Graf von Leicester, ist eine zwielichtige Person und entspricht dem Typ des Höflings. Er macht Mortimer mit seinem wechselvollen Leben bekannt und gesteht, dass ihm einst Maria, die Königin von Schottland, zugedacht war, »als noch der Glanz der Hoheit sie umlachte« (1764). Doch er versagte sich aus »Ehrgeiz« und »hoffte auf den Besitz der Königin von England« (1773). Jedoch »nach zehn verlornen Jahren unverdroßnen Werbens« (1775 f.) musste er erfahren, dass »ein anderer« kam (1794), nämlich »Kathrinens Sohn« (1803), der künftige König von Frankreich. In dieser Situation erinnerte er sich der »Schönheit und Jugend« Mariens und »ihrer Reize Glanz« (1807 ff.). Er hat Kontakt mit ihr aufgenommen und meint nun, er könne sie noch »retten« und »besitzen« (1817).

> Leicester – der Höfling

Leicester vollführt also ein Doppelspiel, indem er im Staatsrat Elisabeth rät, wie sie sich vor Maria schützen könne, und indem er Maria Hoffnung auf Rettung und Befreiung macht. Er verbündet sich mit Mortimer, weil der ein vergleichbares Doppelspiel betreibt. Allerdings ist Leicester vorsichtiger als Mortimer; denn ihm geht es in erster Linie um seinen eigenen Vorteil. So lässt er Mortimer auch kalt fallen, als ihre gemeinsamen Verbindungen zu Maria bekannt werden, und er ist erleichtert, als dieser – einziger Tatzeuge – sich selbst umbringt.

Burleigh durchschaut Leicester und gibt ihm das auch zu verstehen: »Dieser Mortimer starb euch sehr gelegen« (3015). Doch Leicester gelingt es, Elisabeth, die ihn schon als »Verräter« (2832) durchschaut zu haben glaubte, umzustimmen. Sie verfügt, dass ihm – sozusagen zur Prüfung – die »Vollstreckung des Richterspruchs« (3033) übertragen werde. Er kann sich, ohne unglaubhaft zu werden, dem Auftrag nicht entziehen und übernimmt die »verhaßte Pflicht« (3048).

So tritt er mit Burleigh vor Maria, die dem Tod entgegengeht.

Nicht zum Staatsrat, sondern zum Hofpersonal im weitesten Sinne gehören der Graf von Kent, der Staatssekretär Davison, der von Elisabeth in eine missliche Lage gebracht wird, als sie ihm den unterschriebenen Hinrichtungsbefehl ohne genauen Auftrag überlässt, der Ritter Amias Paulet, der Wächter über die Kerkeranlagen in Fotheringhay, und Mortimer, sein Neffe.

Amias Paulet ist ein »Biedermann« (912). Er ist politisch und religiös zuverlässig und äußerst korrekt. Paulet lässt sich nicht dazu missbrauchen, den Tod Marias im Gefängnis herbeizuführen. Er gibt sogar im Beisein Marias Burleigh gegenüber zu bedenken, dass im »Rechtsstreit [...] Unziemlichkeiten vorgegangen« (915 und 985) seien. Paulet bewacht Maria streng; aber er ist ihr auch gefällig, den Brief, in dem sie Elisabeth um eine Unterredung bittet, an die richtige Adresse zu leiten: »[...] was sich verträgt / mit meiner Pflicht, mag ich ihr gern erweisen« (1506f.). Maria weiß dies zu würdigen und nimmt in der Todesstunde respektvoll Abschied von ihrem Wärter.

> Paulet – der Biedermann

Mortimer, der Neffe Sir Paulets, der auf Vermittlung seines Oheims die Stelle am Hof erhalten hat, ist gänzlich anderer Art. Er spielt – wie Leicester – ein falsches Spiel. Er hat sich auf seiner Reise durch die katholischen Länder Europas umstimmen lassen, ist zum katholischen Glauben konvertiert und zum Schwärmer geworden. Der Bischof von Reims hat ihn für den Kampf gegen Elisabeth, die »Afterkönigin« (522), und für den Befreiungsversuch Marias, der »schönste[n] aller Frauen« (509), gewonnen, der nach Auffassung der katholischen Seite »dies Reich als Eigentum gehört« (532).

> Mortimer – der Schwärmer

Mortimer sucht in Leicester einen Verbündeten, ist aber auch bereit, selbst zu handeln. »Zwölf edle Jünglinge« haben mit Zustimmung des Abgesandten Frankreichs ein »Bündnis« geschlossen (634f.), um Maria zu befreien und Elisabeth zu beseitigen. Mortimer selbst schmeichelt sich bei Elisabeth ein, nimmt zum Schein den Auftrag an, Maria zu ermorden, ist aber tatsächlich von Maria so fasziniert, dass er alle notwendige Besonnenheit vergisst. Nach dem gescheiterten Attentatsversuch auf Elisabeth ist die Rettung Marias aussichtsloser als je zuvor. In einer Art Wahnsinn hat Mortimer Maria seine Liebe angetragen. Nachdem er als Staatsverräter entlarvt ist, bringt er sich selbst um. Seine letzten Worte sind:

Geliebte! Nicht erretten konnt' ich dich,
So will ich dir ein männlich Beispiel geben.
Maria, heil'ge, bitt' für mich (2817–19).

Längst hat er sich von seinen Gefühlen hinreißen lassen, folgt nicht mehr Verstand und Vernunft, ist zum Schwärmer geworden, der der eigenen Seite nur geschadet hat.

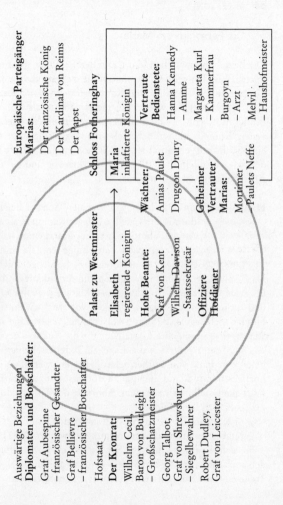

Die Personen um Maria

Die Beziehung zwischen Maria und den Personen ihrer unmittelbaren Umgebung ist eine völlig andere als die der Gruppe um Elisabeth. Amme, Kammerfrau und Diener sind dem Stand nach viel weiter von Maria entfernt als die vertrauten Räte von Elisabeth, dagegen stehen sie ihrer gefangenen Königin menschlich viel näher. Sie bilden mit ihr eine Schicksalsgemeinschaft, die Standesgrenzen überwindet, wie vor allem in der Testamentserklärung und bei der Abschiedsszene deutlich wird.

Hanna Kennedy steht Maria am nächsten. Schiller machte die aus den Quellen belegte Kammerfrau zur Amme, um ihr gegenüber Maria einen nahezu mütterlichen Status zu geben. Die Amme Kennedy kennt die ganze Lebensgeschichte der Königin, weiß um ihre Vergehen und spricht mit ihr darüber. Sie versucht rückblickend zu erklären, wie alles kam, und bringt Entschuldigungsgründe vor wie »Wahnsinn blinder Liebesglut« (325) und »Leichtsinn [...] ist Euer Laster« (362). Sie möchte Maria Mut für die Zukunft geben. Als sich dann plötzlich die Lage zu ändern scheint und beide den Park von Fotheringhay betreten, warnt sie die hochgestimmte Maria, nicht allzu optimistisch zu sein. Erschrocken stellt sie nach dem Abbruch der Unterredung zwischen den Königinnen fest:

> O was habt Ihr getan! Sie geht in Wut!
> Jetzt ist es aus, und alle Hoffnung schwindet (2452 f.).

Sie sieht klar den künftigen Schicksalsweg voraus, durch den auch ihr Leben bestimmt sein wird. Sie hält in absoluter Treue zu ihrer Königin und begleitet sie zum Schafott.

> *Kennedy – die Amme*

Aus der Gruppe von Marias Vertrauten ragt **Melvil** hervor, dem Stand nach Ritter und einstiger Haushofmeister der schottischen Königin. Er hat die Erlaubnis erhalten, am Todestag »Abschied von [s]einer Königin zu nehmen« (3354). Maria begrüßt ihn als »Freund« und als »Bekenner meines Glaubens« (3501); ihm vertraut sie auch die »letzten Wünsche für die Meinen« (3519) an, zu denen der schottische König, das französische Königshaus, der Kardinal in Reims und der Papst gehören. Melvil umgekehrt kann nicht nur Grüße überbringen, sondern auch eine »Hostie [...] vom Heil'gen Vater [...] selbst geweihet« (3654). Er selbst hat sich zum Priester weihen lassen, um Maria in der Todesstunde die Sakramente der katholischen Kirche spenden zu können – nämlich, ihr die Beichte abzunehmen und die Eucharistie zu reichen. Melvil hat also – im Vergleich zu Leicester und Mortimer – den anderen Weg der Befreiung für Maria vorbereitet. Von aller irdischen Schuld erlöst, kann Maria dem »Freudenreich« (3754) entgegengehen.

> Melvil – der geheime Priester

4. Die Struktur des Werks

Drama

»Drama« ist ein Wort aus dem Altgriechischen und kann mit »gespielte Handlung« übersetzt werden. Die ursprüngliche und eigentliche Darbietungsform eines Dramas ist also die Aufführung, in der Schauspieler auf einem eigens eingerichteten Ort einem Publikum eine in sich abgeschlossene Handlung vorspielen. Das Textbuch ist nur Vorlage zum Spiel. Es kann die Aufführung, also die Konkretisierung der Vorlage, nicht ersetzen. Andererseits ist es so angelegt, dass sich der Leser eine klare Vorstellung von der Struktur des Werks und seinen Inszenierungsmöglichkeiten machen kann.

Haupt- und Nebentexte

Der Leser hat ein Verzeichnis der Figuren vorliegen, die im Stück eine Rolle spielen, dann den Haupttext, nämlich alle Dialoge und Monologe, die gesprochen werden, und schließlich die Nebentexte, die Hinweise für die Einrichtung der Bühne, für die Kostümierung der Schauspieler, für die Requisiten und anderes geben. Außerdem kann er die Struktur des Werks durchschauen, da ihm durch Akt- und Szenenaufteilung ein Überblick darüber gegeben wird, in welche Einzelabschnitte der Verfasser die Gesamthandlung aufgeteilt hat. Der Leser hat den Text allerdings erst durchschaut, wenn er versteht, wie die Einzelteile zu einem Ganzen verknüpft sind, wenn er also die Komposition insgesamt durchschaut.

Maria Stuart ist ein analytisches Drama oder ein Enthüllungsdrama. Gezeigt werden »nicht die ganze Reihe der

4. DIE STRUKTUR DES WERKS

Ereignisse, die zum tragischen Konflikt führen« [...], »sondern nur ihre letzten Auswirkungen [...], während die eigentliche, entscheidende Handlung vor seinem Beginn liegt«.⁶ In Schillers Drama beginnt die gespielte Handlung in dem Augenblick, in dem die Titelfigur Maria das Gerichtsurteil aus einem Prozess erwartet, in dem sie sich als Angeklagte zu verteidigen hatte.

Vorgeschichte und Handlungsgeschichte

Über Inhalt, Form und Gegenstand des Prozesses wird der Zuschauer und Leser erst später informiert. Erst dann wird er auch etwas über die gegebene politische Situation in England und Europa erfahren, über die Lebensgeschichte der beiden Hauptpersonen, Maria und Elisabeth, und über die politischen und persönlichen Konflikte, die zum Prozess führten.

Unmittelbar vor Augen gestellt werden ihm dann die »Auswirkungen«: Das Urteil lautet »schuldig« und fordert die Todesstrafe. Die Spanne zwischen Urteilsverkündung und Hinrichtung der Angeklagten – insgesamt drei Tage – wird dramatisch gestaltet. Gezeigt wird, welche Folgen das Gerichtsurteil für die gerichtete Maria und für Elisabeth, die absolut regierende Monarchin, hat, wie beide auf das Urteil reagieren und damit umgehen und wie es schließlich zum Vollzug der Hinrichtung kommt.

Im Blickpunkt stehen zwei Personen, Maria und Elisabeth, und zwei Handlungsorte: Schloss Fotheringhay, wo Maria eingekerkert ist, und der Palast zu Westminster, der Regierungssitz Elisabeths. Die Gewichte der Handlung sind gleichmäßig verteilt; das Drama ist symmetrisch gebaut und bietet eine abgeschlossene Handlung.

Handlungspersonen und Handlungsorte

4. DIE STRUKTUR DES WERKS

Der **erste Aufzug** spielt im Kerker der Maria und zeigt die Situation, in der sich Maria nach dem Gerichtsurteil befindet. Der **zweite Aufzug** macht mit den Lebensbedingungen der regierenden Elisabeth bekannt. Sie hat zu entscheiden, ob und wann das Urteil vollzogen wird. Ein guter Ausgang scheint noch möglich, als sich Elisabeth zu einer persönlichen Unterredung mit Maria bereit findet. Diese findet im **dritten Aufzug** – dem Höhepunkt des Dramas – auf Schloss Fotheringhay statt und führt zur eigentlichen Katastrophe. Am Ende des **vierten Aufzugs** wird der Hinrichtungsbefehl von Elisabeth in London unterzeichnet. Die Todesstunde Marias macht die *erste Hälfte* des **fünften Aufzugs** aus; die Folgen, die diese Hinrichtung einer Unschuldigen für die politisch Verantwortlichen hat, werden im *zweiten Teil* des **fünften Aufzugs** deutlich. Der Modellfall eines Konflikts, durch den zwei Königinnen aufeinander als Konkurrentinnen um die politische Macht bezogen sind, zwingt über Schuld und Strafe, über Macht und Gerechtigkeit, über das Handeln und Leiden von Menschen nachzudenken.

Friedrich Schiller: Maria Stuart
– Strukturskizze –

Die Dramen-Handlung

Handlungsorte: Kerker im Schloss Fotheringhay
Palast zu Westminster in London

Handlungszeit: Etwa zwei Tage

Die Vorfabel

Maria, Königin von Schottland, lädt moralisch schwere Schuld auf sich, flieht und sucht Hilfe bei Elisabeth von England

Elisabeth lässt Maria, die Konkurrentin für den englischen Thron, gefangen nehmen

Befreiungsversuche durch Anhänger Marias

Mortimers Italienreise

Prozess gegen Maria vor einem englischen Gericht

Elisabeth sucht diplomatischen Ausgleich mit Frankreich

Verlauf der Handlung

Paulet durchsucht Marias Kerker

Mortimer stellt Maria Rettungsversuch in Aussicht

Burleigh überbringt Gerichtsurteil

Der Staatsrat diskutiert die Lage

Mortimer bietet Elisabeth zum Schein seine Dienste an

Maria im Rededuell mit Elisabeth

Attentatsversuch auf Elisabeth

Ausweisung der französischen Gesandten

Tod Mortimers

Unterzeichnung des Hinrichtungsbeschlusses

Hinrichtung Marias

Vereinsamung Elisabeths

5. Wort- und Sacherläuterungen

Die europäische Geschichte des 16. Jahrhunderts war ein Spezialgebiet des Historikers Schiller. Sorgfältige und umfangreiche Studien zur Geschichte Englands und Schottlands bilden die Grundlage für die dramatische Behandlung der Auseinandersetzung zwischen Maria Stuart und Elisabeth. Eine Auflistung der bekannten Quellen samt einer knappen Kommentierung und weitere Dokumente findet man in:

Erläuterungen und Dokumente: Christian Grawe: Friedrich Schiller: *Maria Stuart.* Stuttgart 1978. (Reclams UB 8143.) S. 85 ff.

Dieser Band enthält ein eigenes Kapitel »Der historische Hintergrund« und umfangreiche »Wort- und Sacherklärungen«. In diesem zuletzt genannten Abschnitt wird unter anderem der historische Hintergrund der einzelnen Handlungsstränge aufgehellt. Dort wird auch erklärt, inwieweit die einzelnen Personen des Dramas den historischen Vorlagen entsprechen und inwieweit Schiller Veränderungen vorgenommen hat.

Die folgenden Erläuterungen bieten keinen historischen Kommentar, sondern wollen nur einige allgemeine Lesehemmnisse überwinden helfen.

S. 1 **Trauerspiel:** Seit dem 17. Jahrhundert Ersatzwort für Tragödie. Die von den Griechen entwickelte Kunstform bringt eine »Furcht und Mitleid« erregende Handlung in Dialog, Monolog und in szenischer Darstellung zur Anschauung – eingeteilt in »Aufzüge« und »Auftritte«.

5. WORT- UND SACHERLÄUTERUNGEN

S. 5 **Amme**: Mutter, die an Stelle der leiblichen Mutter ein Kind ernährt und aufzieht und dadurch eine besonders enge Beziehung zu dem Kind eingeht.

15 **Konzepte**: Briefentwürfe.

48 **Am üpp'gen Hof der Mediceerin**: Gemeint ist Katharina von Medici (1519–89), die als dominierende Gestalt die Politik und das Leben am französischen Hof, der in vielen Punkten dem englischen Hof entgegengesetzt ist, entscheidend bestimmt.

51 **Flitter**: verzierende Elemente, die keinen Gebrauchs-, sondern nur Schönheitswert haben und deshalb als vergänglich und verführerisch eingeschätzt werden.

68 **Meuchelrotten**: Rotte ist die abfällige Bezeichnung für eine schlecht organisierte Gruppe, der man nichts Gutes zutraut. Das Bestimmungswort »Meuchel« nennt die Absicht der Gruppe, den »hinterhältigen Mord«.

84 **Helena**: sagenhafte Tochter des Zeus und der Leda. Sinnbild der weiblichen Schönheit; Ursache für den trojanischen Krieg, den Untergang Trojas, die Flucht des Aeneas und die Irrfahrten des Odysseus.

105 **Edinburger Vertrag**: Der Vertrag von 1560 verlangte von Maria den Verzicht auf den Titel einer Königin von England. Da Maria in gerader Linie von Heinrich VII. abstammte und sich deshalb durchaus als thronberechtigt ansah, hat sie diesen Vertrag nie unterschrieben.

183 **der Sakramente Wohltat**: Sakramente sind heilige Handlungen, durch die der Gläubige in die Kirche eingebunden wird und so an der Gnade Gottes teilnimmt. Maria ist als Gefangene in England von ihrer Kirche – der katholischen – getrennt. Von den sieben Sakramenten der katholischen Kirche begehrt sie vor allem die Buße und das Abendmahl. Im 5. Aufzug wird Melvil ihr diese Sa-

kramente zugänglich machen. Schon vor ihrer Inhaftierung hat Maria ihre Sünden aus früheren Tagen »abgebüßt« (283): Die Kirche, die im Sakrament der Buße den »Löseschlüssel« (284) besitzt, hat vergeben (s. auch 3592–3672). Maria ist also als gläubige Katholikin anzusehen, die auf die Gnadenmittel ihrer Kirche vertraut.

396 **Larve**: Maske, die das eigentliche Gesicht verdeckt (s. auch 1996, 2420).

414 **Puritaner**: Bezeichnung für die englischen Protestanten, die sich im Sinne Calvins eine besonders strenge Selbstzucht auferlegen.

494 **Gesellschaft Jesu**: katholischer Orden, der durch Ignatius von Loyola (1491–1556) gegründet und von Papst Paul III. 1540 bestätigt wurde. Die Jesuiten waren in Europa Führer der Gegenreformation und versuchten in den verschiedenen Staaten und Ländern Einfluss auf die Politik zu nehmen.

516 **Martyrium**: Das Wort Märtyrer ist Lehnwort aus dem Altgriechischen und bedeutet ursprünglich ›Zeuge, Zeugin‹. Im Verständnis der frühen Christen wurden diejenigen, die für ihren Glauben starben, als Märtyrer den Heiligen gleichgesetzt (s. auch 2630).

522/524 **Afterkönigin / Bastardtochter**: zwei verunglimpfende Bezeichnungen, die darauf abzielen, Elisabeth als illegitime Herrscherin darzustellen, da sie als unehelich Geborene gilt (s. auch 2815).

775 **Sultanslaunen**: Durch den Vergleich wird Elisabeth als menschenverachtende Tyrannin eingestuft. Seit der Aufklärung galt die Regierung der orientalischen Herrscher, also der Sultane, als besonders despotisch. Der Palast – der Serail und insbesondere der Frauentrakt, der Harem – waren Gegenstände tiefster Verachtung (s. auch 1783).

5. WORT- UND SACHERLÄUTERUNGEN 43

1077 **Turnierplatz:** Im 16. Jahrhundert wurden bei besonderen Festlichkeiten Turniere in der Art der mittelalterlichen Minnespiele veranstaltet. Das dargestellte Geschehen hatte oft allegorischen Charakter.

1281 **Ate:** Göttin des Unheils, Tochter des Zeus. Zunächst aus dem Olymp verbannt, wurde sie später als Rächerin des Unheils verehrt.

1425 **Papistin:** Anhängerin des Papstes und als solche Feindin der Protestanten.

2186 **Schlangenhaare:** Anspielung auf den griechischen Mythos der Medusa. Medusa war eine der drei Gorgonen – grässliche Ungeheuer mit Schlangen im Haar oder als Gürtel. Bei ihrem Anblick erschauern Menschen und Götter.

2262 **Götter, die den Hochmut rächen:** Anspielung auf die Konzeption der griechischen Tragödie, in der die Hybris, übersetzt mit Hochmut, als eine der schlimmsten Verfehlungen bestraft wird. Die Stelle ist zusammen mit dem Ausruf »Was ist der Mensch! Was ist das Glück der Erde!« (1528) als Ausdruck des tragischen Bewusstseins zu lesen.

2352 **Die Sankt Barthelemi:** In der sogenannten Bartholomäusnacht am 24. August 1572 wurde der protestantische Adel Frankreichs auf Veranlassung des Königshauses verfolgt und ermordet.

2505 **Ablass:** Erlass der Sündenstrafen. Die Aussagen Mortimers sind nicht mit den Lehren der Kirche zu vereinbaren. Eine Vergebung von nicht begangener Schuld ist widersinnig.

Nach 3479 **Agnus Dei** (= Lamm Gottes), **Rosenkranz** und **Kruzifix** sind Attribute des katholischen Glaubens, das **Diadem** Zeichen der Königswürde.

5. WORT- UND SACHERLÄUTERUNGEN

3576 **keusche Braut des Himmels:** Maria lobt den Vorsatz Bertas, in ein Kloster zu gehen und die Gelübde abzulegen. Sie empfiehlt damit eine Art der Lebensgestaltung, die mit der Reformation in England offiziell abgeschafft wurde.

6. Interpretation

Die »Euripische Methode«

Wenn sich Hanna Kennedy, die Amme und Kammerfrau Maria Stuarts, in ihren ersten Sätzen über eine »neue Dreistigkeit« (1) empört und wenn Paulet, der Wächter, bei der Durchsuchung der Gefängnisräume »noch Kostbarkeiten, noch geheime Schätze« (7) findet, so weiß der Zuschauer sofort, dass hier Vorgänge gezeigt werden, die nicht neu, die nur Fortsetzung von mehrfach Vorgekommenem sind. Im weiteren Dialog zwischen der Kammerfrau und dem Hüter der Königin von Schottland werden einzelne der Geschehnisse genannt, die zu der augenblicklichen Situation der Zimmerdurchsuchung geführt haben.

An Fakten ist aus dem ersten Auftritt zusammenzutragen, dass Maria nach England »als eine Hilfeflehende, Vertriebene / Bei der Verwandten Schutz zu suchen kam« (88f.), dass sie sich jetzt »gefangen sieht« (91). Man hat sie »vor des Gerichtes Schranken / Gefordert [...] und schimpflich angeklagt / auf Leib und Leben« (96f.). Wie die Geschehnisse zusammenhängen und wie sie zu beurteilen sind – darüber gehen die Meinungen der beiden Dialogpartner weit auseinander.

Informationen über die Vorgeschichte

Sir Paulet, der Engländer, sieht in Maria eine »ränkevolle Königin« (141), die »als eine Mörderin [...] von ihrem Volk« (98) verjagt wurde, die, unterstützt von Mächten auf dem europäischen Festland, den Umsturz in England plant, bereit, »die Fackel / Des Bürgerkrieges in das Reich zu schleu-

Beurteilungen Marias

dern« (65), und deshalb vor Gericht gestellt wurde. Paulet vergleicht Maria mit »Helena« (84) und spielt damit nicht nur auf die legendäre Schönheit der antiken Sagengestalt an, sondern auch auf die Tatsache, dass sie Ursache für den Trojanischen Krieg war.

Hanna Kennedy beurteilt die Sachlage anders. Gemäß ihrer Deutung geschah die Inhaftierung »wider Völkerrecht und Königswürde« (90). Für ihr »üppig lastervolles Leben« (57) von einst habe Maria längst gebüßt; zum »Freveln« (63) in England habe sie keine Gelegenheit gehabt; deshalb ist »in England [...] kein Richter über sie« (61).

> Alles, was zu beurteilen ist, liegt also zurück. Allein der Urteilsspruch und seine Konsequenzen sind noch zu erwarten. Damit erhält das Drama eine besondere Struktur. Der Autor nimmt eine Technik auf, die in einigen antiken Tragödien – unter anderem in denen des Euripides (480–406 v. Chr.) – vorgeprägt ist und die er selbst in einem Brief an Goethe »Euripische Methode«[7] nennt.

Schiller sieht es als besonders wirkungsvoll an, »den ganzen Gerichtsgang zugleich mit allem politischen auf die Seite zu bringen, und die Tragödie mit der Verurtheilung anzufangen«[8]. Ehe Maria Stuart zum ersten Mal auf die Bühne tritt, kennt man folglich ihre Vorgeschichte und ist darüber informiert, wie unterschiedlich sie beurteilt wird. Als Eingekerkerte hat sie keine Möglichkeit zu handeln; ihr bleibt nichts übrig als zu warten, zu hoffen und zu fürchten, bis das Urteil überbracht wird. Das Urteil – so

Das Urteil — wird sich zeigen – schließt die Lebensgeschichte Marias äußerlich ab, lässt sie aber – auch das wird sich zeigen – erst im eigentlichen Sinn zu sich selbst kommen. *Maria Stuart* ist daher als analytisches oder Enthüllungsdrama zu typisieren. Alles, was noch folgt, ist bestimmt durch das, was an Ereignissen und Handlungen zurückliegt.

Der weltpolitische Hintergrund und die Fokussierung auf die beiden Königinnen

Das Drama, in dessen Mittelpunkt Maria Stuart, die Königin von Schottland, und Elisabeth, die Königin von England, stehen, vollzieht sich vor dem politischen Hintergrund einer Zeit, die von Historikern mit den Überschriften »Das Zeitalter der Glaubensspaltung« und »Die Entwicklung nationaler Interessen« versehen wird.

> *Einblicke in den historischen Hintergrund*

König Heinrich VIII. von England hatte die englische Kirche von Rom losgelöst, als der Papst sich weigerte, seine Ehe zu scheiden und eine neue Ehe mit Anna Boleyn zu ermöglichen. Der Sohn Heinrichs VIII. begründete dann die anglikanische Kirche. Nachdem Maria die Katholische, Tochter Heinrichs VIII., im Bündnis mit Spanien versucht hatte, den katholischen Glauben in England wieder zu erneuern, richtete Königin Elisabeth I., eine weitere Tochter Heinrichs VIII. und seiner zweiten Frau Anna Boleyn, die anglikanische Kirche endgültig ein und vollzog den dauerhaften Bruch mit Rom. Elisabeth ist also nicht nur Herrscherin über England, sondern stellt sich auch als Wahrerin der reformierten Religion unter dem Dach der anglikanischen Kirche dar.

Maria Stuart war die Tochter Jakobs V., eines Sohnes der Margarete Tudor. Da diese Margarete Tudor eine Schwester Heinrichs VIII. war, durfte Maria Stuart durchaus Ansprüche auf den englischen Thron stellen. Maria Stuart hatte Marie von Guise zur Mutter, war also mit einem der vornehmsten Häuser Frankreichs verwandt. Durch Geburt und Erziehung war sie mehr Französin als Schottin, außerdem katholischen Glaubens.

Da der Papst und das katholische Lager die Ehe Heinrichs VIII. mit Anna Boleyn als ungültig ansahen, war für sie Elisabeth I. eine illegitime Tochter Heinrichs VIII. und daher nicht erbberechtigt und nicht legitime Herrscherin. Dadurch wurde der konfessionelle Gegensatz zugleich ein Machtkampf.

Während Frankreich, Italien und Spanien mit allen kirchlichen und politischen Mitteln gegen die Reformation, gegen die Reformierten und gegen die reformiert orientierten Herrscherhäuser vorgingen, um die alte Geltung zurückzuerlangen, entwickelte Elisabeth ohne fremde Hilfe ihr Land durch die Förderung des Handels, den Bau einer Flotte und die Gründung der ersten Kolonien zu einer europäischen Großmacht.

In Maria und Elisabeth treten sich also zwei Personen mit unterschiedlichen Glaubensrichtungen und aus unterschiedlichen politischen Lagern gegenüber, die um die Macht konkurrieren. Maria und Elisabeth sind jedoch nicht nur Vertreter von Glaubensrichtungen und Machtinteressen, sondern zugleich Personen, die bestimmte Erwartungen an das Leben stellen und in diesem Leben ihr Glück suchen. Dabei – so muss der Zuschauer zu Beginn des Dramas meinen – könnten die Möglichkeiten, sich Lebenswünsche zu erfüllen, nicht ungleicher verteilt sein als zwischen diesen beiden Personen in dieser Situation. Elisabeth ist die vom Parlament legitimierte Herrscherin, vom Volk aner-

> Maria und Elisabeth als Repräsentantinnen politischer und konfessioneller Gegensätze

kannt, erfolgreich, vom französischen Thronfolger umworben. Sie lenkt den Staat; ihre Wünsche und Absichten beeinflussen bei Gerichtsprozessen »des Urteils wandelbare Woge« (1329); sie scheint in ihren Entscheidungen unabhängig und frei zu sein. Maria dagegen ist inhaftiert; sie hat keine Handlungsmöglichkeiten; sie ist den Richtern und der englischen Regentin ausgeliefert.

Die Gewichte scheinen jedoch anders verteilt, wenn die beiden Hauptpersonen als Frauen vorgestellt werden. Der Autor Schiller hat anders, als die geschichtliche Überlieferung nahe legt, verlangt, dass die beiden Königinnen von jugendlichen Liebhaberinnen dargestellt werden: »Maria ist in dem Stück etwa 25 und Elisabeth höchstens 30 Jahr alt.«[9] So ist es nur zu natürlich, dass für sie nicht allein Politik und Religion wichtig sind, sondern auch Liebe und Schönheit.

> Maria und Elisabeth als Frauen

Maria, in der Paulet eine Art »Helena« (84) sieht, hat auch während der Gefangenschaft nicht an Ausstrahlungskraft verloren. Sie war in der Vergangenheit nach Meinung ihrer Amme mehrfach von »blinder Liebesglut« (325) ergriffen, heiratete drei Mal und führte, wie der Puritaner Paulet zusammenfasst, »ein üppig lastervolles Leben« (56). Auch Mortimer ist zu dem gewagten Unternehmen, Maria zu befreien, überredet worden, indem man ihm in Frankreich »die schönste aller Frauen, welche leben« (509), auf einem Bild zeigte. Bei der ersten Begegnung mit Maria ist er von ihrem »Schönheitsglanze« (567) beeindruckt und wird später zum Nebenbuhler Leicesters, den »ihrer Reize Glanz«, nämlich »Schönheit und Jugend« (1809f.) wieder gefangen nehmen, nachdem seine Chancen bei Elisabeth gesunken sind. Während man Leicesters Lob mit einigen Bedenken zur Kenntnis nimmt, dürfte Shrewsburys Urteil völlig uneigennützig sein. Er sagt über Maria im Staatsrat:

> Ihr ward der Schönheit eitles Gut zuteil,
> Sie überstrahlte blühend alle Weiber,
> Und durch Gestalt nicht minder als Geburt (1395–97).

Das ist zuviel für Elisabeth; sie reagiert:

> Das müssen Reize sondergleichen sein,
> Die einen Greis in solches Feuer setzen (1400f.).

Offensichtlich ist ein wunder Punkt getroffen. Wenn Elisabeth den französischen Abgesandten gegenüber darlegt, dass sie eigentlich ihre »jungfräuliche Freiheit« (1166) bewahren möchte, so glaubt man ihr insofern, als sie eine Heirat für unverträglich mit ihrer Rolle als Herrscherin ansieht; man glaubt ihr nicht, dass sie ohne Bedürfnis nach Liebe sei.

Der Prozess: Macht und Recht

Maria Stuart ist sich sicher, dass sie in England »wider alle Völkerrechte« (937) gefangen gehalten wird; sie hat sich trotzdem vor das Gericht laden lassen »im Glauben / An meiner Gründe siegende Gewalt« (710f.). Dieser Gerichtsprozess, der zu Beginn des Dramas abgeschlossen ist, stellt das zentrale Ereignis dar, durch das die dramatische Handlung bestimmt wird.

Der Prozess hat am »Gerichtshof in Westminsterhall« (243) stattgefunden; das Gericht war durch »zweiundvierzig Richter« (578, 694) besetzt; die Anklage lautete, Maria habe »den Bösewicht Parry und den Babington zu der verfluchten Tat des Königsmordes« angestiftet und so »die

Der Prozess gegen Maria

6. INTERPRETATION 51

Fackel / Des Bürgerkrieges in das Reich zu schleudern« versucht (65 ff.). Der Zuschauer wird im Laufe des Dramas erfahren, dass diese Vorwürfe nicht haltbar sind. Die Dokumente, die die Schuld Marias beweisen sollten, sind falsch; die Schreiber »Kurl und Nau« (883), die als »Zeugen« (902) aussagten, haben, wie Shrewsbury ermittelt, »falsch gezeugt« (3936); Maria versichert in der Beichte: »[...] nie hab ich durch Vorsatz oder Tat / Das Leben meiner Feindin angetastet« (3729 f.). Sie weiß, dass sie nach dem Glauben ihrer Kirche die ewige Seligkeit verwirken würde, wäre diese ihre Aussage falsch. Maria ist – im Sinne der Anklage – unschuldig.

Nicht nur der Schuldspruch ist angreifbar, sondern das ganze Verfahren. In der Auseinandersetzung mit Burleigh kann Maria überzeugend nachweisen, dass sie, die »nicht dieses Reiches Bürgerin« (726) ist, nicht in den Kompetenzbereich dieses Gerichtes gehört, dass das Gericht – auch nach englischem Recht – nicht angemessen besetzt war, der Schuldspruch auf der Grundlage eines Gesetzes erfolgt ist, das erst nach der vorgeworfenen Tat rechtskräftig wurde, dass die vom Gericht herbeizitierten Zeugen ihr nicht gegenübergestellt wurden, der ganze Prozess also eine Farce war, um sie zu beseitigen, ein »Gaukelspiel« (970), in dem der Schein gewahrt werden sollte, in dem es in Wahrheit um politische und vielleicht auch persönliche Macht ging, nicht aber um Recht und Gerechtigkeit.

> Das politisch motivierte Urteil

Der Eindruck, den Maria gewonnen hat, bestätigt sich, wenn man die Diskussion verfolgt, die im Staatsrat zu der Frage geführt wird, ob das verkündete Urteil nun vollstreckt werden soll oder nicht. Talbot, der Graf von Shrewsbury, sagt deutlich: »[...] die Hinrichtung / Der Stuart ist ein ungerechtes Mittel« (1316f.). Diese Überlegung wird jedoch kaum diskutiert. Die Argumente Burleighs, der sich für die Hinrichtung ausspricht, wiegen ungleich schwerer:

Du musst den Streich erleiden oder führen.
Ihr Leben ist dein Tod! Ihr Tod dein Leben! (1293f.).

Das Gerichtsurteil ist also ein politisches Urteil. Und die Frage, ob Maria hingerichtet werden soll oder nicht, wird nach politischen Kategorien erörtert, nicht nach juristischen: Es geht um Macht, nicht um Gerechtigkeit, um politischen Vorteil, nicht um Recht.

Aus persönlichen, nicht aus politischen und nicht aus juristischen Gründen kommt es zu der Begegnung zwischen Elisabeth und Maria. Leicester hat Elisabeth an ihrem schwachen Punkt getroffen; er suggeriert ihr, dass sie ihre Konkurrentin auch an »Adel der Gestalt« (2009) und an »Schönheit« (2037) im direkten Vergleich ausstechen werde, und ermuntert sie:

Maria und Elisabeth als Rivalinnen

Auch deine Weiblichkeit hat ihre Rechte,
Der zarte Punkt gehört vor *dein* Gericht,
Nicht vor des Staatsmanns – (2046ff.).

Von Leicester aus gesehen ist dies eine Falle. Bei Elisabeth regen sich auch durchaus Zweifel, ob sie mit dem Einverständnis in eine als zufällig zu arrangierende Begegnung nicht eine »Torheit« (2065) begeht. Doch sie geht in die Falle und unterliegt ihrer Konkurrentin im direkten Vergleich.

Diese Niederlage gilt es auszugleichen; jetzt ist Elisabeth zur »Gewalttat« (3203) bereit. Als sie allein ist, sagt sie zu sich selbst:

Ihr Haupt soll fallen. Ich will Frieden haben! (3229).

In dem Augenblick, in dem sie die Feder ergreift, um den

Hinrichtungsbefehl zu unterschreiben, gibt sie Einblick in ihr Inneres:

> Ein Bastard bin ich dir? – Unglückliche!
> Ich bin es nur, solang *du* lebst und atmest.
> Der Zweifel meiner fürstlichen Geburt,
> Er ist getilgt, sobald ich dich vertilge (3243–46).

Was äußerlich wie ein Justizirrtum aussieht, was dann als politisch motivierte Bluttat vorbereitet wird, rückt hier in die Nähe des persönlichen Mordes, begangen aus »Hass« (3225) und »Eifersucht« (3225), nicht eigenhändig durchgeführt, sondern raffiniert inszeniert.

Die Sprech-Handlungen: Die Kunst des Überzeugens, des Überredens und des Täuschens

Elisabeth ist Königin von England und hat die Frage, ob sie oder Maria Stuart legitime Herrscherin in England ist, faktisch für sich entschieden. Ihr muss es darum gehen, die politische Macht zu sichern, während Marias nächstliegendes Interesse darauf gerichtet ist, sich aus der Gefangenschaft zu befreien. Beide

Marias Befreiungsversuche und Elisabeths Machtsicherung

Zielsetzungen haben insofern mit einander zu tun, als Elisabeth um die Herrschaft fürchten muss, wenn Maria, befreit, den Kampf gegen sie aufnehmen würde. Maria andererseits muss um ihr Leben bangen, solange Elisabeth absolut herrschen kann und sich von Maria und den Ihrigen bedroht fühlt. Alles, was in dem Drama geschieht, ist von diesen beiden Motiven – Machtsicherung auf Seiten Elisabeths und Befreiungsversuch auf Seiten Marias – bestimmt. Äußerlich erreicht dieser Machtkampf seine Höhepunkte in dem schon erwähnten Gerichtsprozess, dann in dem Attentat, das Sympathisanten Marias auf Elisabeth ausüben, und schließlich in der Hinrichtung Marias, die von den Beratern Elisabeths angestrebt und vollzogen wird. Alle diese Ereignisse spielen sich jedoch außerhalb des Bühnengeschehens ab.

Das Bühnengeschehen selbst ist bestimmt durch die verschiedenen Sprechhandlungen, die das eigentliche Tun vorbereiten, begleiten, rechtfertigen oder hinterfragen. Es wird zu beobachten sein, wie kommunikatives Handeln und diskursives Reden eingesetzt werden, um die gesteckten Ziele zu erreichen. Das Muster-Beispiel einer politischen Diskussion bietet die Szene, in der sich Elisabeth von ihren Vertrauten darüber beraten lässt, wie mit dem Gerichtsurteil umzugehen sei (II,3): Rhetorisch brillant trägt Burleigh seine These und seine Argumente vor; Talbot, der Graf von Shrewsbury, der sich zunächst als »nicht so beredt« (1304) vorstellt, tritt Burleigh scharf entgegen, warnt vor der Hinrichtung Marias als einem ungerechten Mittel (1317) und redet sich »in solches Feuer« (1401), dass Elisabeth seine Rede unterbricht. Leicester spricht offen aus: »Hier ist nicht / Die Rede von dem Recht, nur von dem Vorteil« (1440f.) und macht seine Vorschläge, von denen man bald erfährt, dass sie unehrlich und eigennützig sind. Wenn Elisabeth dann am Ende der Beratung verspricht, die »Meinungen« (1455) und »Gründe« (1458) zu »prüfen« (1458) und dann »mit Gottes Beistand« (1457) »das Bessere« zu »wählen« (1459), so gibt sie zu verstehen, dass sie die Funktion der politischen Rede und der politischen Beratung kennt. Gleichwohl handelt sie diesen Grundsätzen zuwider, denn längst hat sie »einen stummen Auftrag« (1041) erteilt, Maria zu beseitigen. Einen

Die politische Diskussion

zweiten Auftrag der gleichen Art gibt sie – unausgesprochen (1610f.) – Mortimer in der Szene, die der Beratung folgt. Was der Form nach als politischer Diskurs erscheint, ist im Grunde nichts als Spiel und Ritual.

Nicht besser steht es um die Diskussion, die Burleigh durch Maria abverlangt wird. Maria kann von ihrem Standpunkt aus das Urteil des Gerichts nicht akzeptieren und fordert Burleigh auf, »zur Sache« (693) Stellung zu nehmen. Burleigh müsste sie von der Rechtlichkeit des Prozesses und der Gerechtigkeit des Urteils überzeugen. Aber genau das kann er nicht. Er benutzt die »Gewalt des Mundes« (762), um etwas zu rechtfertigen, von dem er selbst nicht ganz überzeugt ist. Am Ende weicht er dem Thema aus, wird von Maria mehrfach aufgefordert, »bei der Sache« (928, 931) zu bleiben und muss anschließend feststellen: »Sie trotzt uns – [...] / Dies stolze Herz ist nicht zu brechen« (975–977). Wie der Prozess so sind auch die rhetorischen Bemühungen Burleighs nur »Gaukelspiel« (970), das eingesetzt wird, um Maria zu besiegen.

Die juristische Diskussion

Dass Mortimer »so früh der Täuschung schwere Kunst« (1573) erlernt hat, zeichnet ihn in den Augen Elisabeths aus, macht ihn »mündig vor der Zeit« (1575). Sie glaubt, ihn für ihre Zwecke gebrauchen zu können, ohne zu ahnen, dass er wenige Augenblicke, nachdem er Elisabeths Auftrag, Maria zu beseitigen, angenommen hat, verkündet: »Wie du die Welt, so täusch ich dich« (1633). Falsches Spiel wie Mortimer treibt Leicester. Sein Lobpreis »Ich habe dich so reizend nie gesehn« (1948) ist nicht billiges Kompliment oder am Hof übliche Schmeichelrede, sondern Beginn einer groß angelegten Täuschung. Dass die gelungene Täuschung

Täuschung als Kunst

als »Sieg« der »Rednerkunst« (2713) anzusehen ist, erkennt Burleigh als erster.

Meister in der Schmeichelrede sind auch die Abgesandten des französischen Hofs. Glaubhaft wirken sie weder da, wo sie die Werbung ihres »königlichen Herrn« (1136) überbringen, noch da, wo sie sich nach dem missglückten Attentat heuchlerisch nach dem Wohlergehen der Königin erkundigen (IV,1).

> Schmeichelreden

Die Sprache am Hof dient nicht dazu, Wahrheit und Gerechtigkeit zu ermitteln und zu verbreiten. Sie ist vielmehr ein Mittel, um Interessen durchzusetzen und Vorteile im Kampf um die Macht zu erringen. Letzten Endes erweisen sich diese Mittel als untauglich: Die Täuschungen werden ebenso durchschaut wie die Schmeichelreden; weder die juristische noch die politische Argumentation wirkt glaubwürdig. Die Rede am Hof, die höfische Rede, ist insgesamt »Gaukelkunst« (3725), von der sich diejenigen distanzieren sollten, die sich – wie Maria – vor einem ewigen Richter zu verantworten haben. Rhetorische Finesse, in der Beichte angewandt, würde diese ungültig machen. Doch diese Gaukelkunst löst nicht einmal die irdischen Probleme. Alle Bemühungen Elisabeths, Maria zu beseitigen und trotzdem den Schein der rechtschaffenen Königin zu wahren, scheitern. Sie wird schuldig um der Macht willen und steht am Ende einsam und verlassen da. Sowohl Kommunikation wie Diskurs haben sich selbst erledigt. Rede und Gespräch taugen – in diesem Drama – nicht dazu, Einvernehmen herzustellen. Dies wird besonders deutlich, als Elisabeth und Maria zu einer direkten Unterredung zusammentreffen.

> Rhetorik als »Gaukelkunst«

6. INTERPRETATION

Die Begegnung und Auseinandersetzung der Königinnen

Der Höhe- und Mittelpunkt des Dramas und damit auch der Sprechhandlungen ist das Zusammentreffen der beiden Königinnen im 3. Aufzug. Die Begegnung, die historisch nicht bezeugt ist, die aber in einer früheren Dramatisierung des Stoffs schon in Szene gesetzt war, wird von Schiller zum Angelpunkt der Tragödie gemacht. Er lässt in I,2 Maria selbst um »eine Unterredung« (169) bitten. Der Brief, von Paulet persönlich an Elisabeth übergeben (II,4), löst bei dieser ehrliche Erschütterung aus: »Wie weit ist die Königin gebracht« (1529). Bei den Räten ist die Meinung geteilt, ob Elisabeth die Bitte erfüllen soll: Burleigh ist aus politischen Gründen dagegen, Shrewsbury aus humanitären dafür; Leicester gibt den Ausschlag, indem er aus unehrlichen Motiven zurät, um einen eigenen Vorteil zu gewinnen.

Der 3. Aufzug bildet eine geschlossene Einheit: Ohne Zeitsprung und ohne Ortswechsel werden – ganz knapp – die Vorbereitungen des Treffens, die Begegnung selbst und die unmittelbaren Auswirkungen dargestellt. Die weiterreichenden Folgen sind dann Gegenstand des 4. und 5. Aufzugs.

Die Ausgangslage der beiden Rivalinnen ist höchst unterschiedlich: Elisabeth, die Regierende und die Mächtige, hat nach kurzem Zögern, ob sie nicht doch eine »Torheit« (2065) begeht, entschieden, sich nach Fotheringhay zu begeben und eine Begegnung inszenieren zu lassen, die den Charakter der Zufälligkeit haben soll. Sie ist also vorbereitet und will doch als Überraschte erscheinen.

Die Redesituation

Maria, die lange Zeit Gefangene, ist dadurch kurzzeitig in Hochstimmung versetzt worden, dass ihr der Park zugänglich gemacht wurde. Aus diesem Zustand begrenzter Freiheit, der sie zu voreiligen Schlüssen veranlasst und sie »schwärmen« (2106) lässt, wird sie jäh herausgerissen, als man ihr sagt, dass »in wenigen Augenblicken« (2156) Elisabeth vor ihr stehen werde. Sie ist »nicht darauf gefasst« (2163) und hat kaum Zeit, sich auf »die entscheidungsvolle Stunde« (2175) vorzubereiten.

Sie, die am Tag zuvor Baron von Burleigh, den Großschatzmeister, im juristischen Disput in die Enge getrieben hat, weiß, dass sie Elisabeth gegenüber eine andere Redestrategie als gegenüber Burleigh anwenden muss. »Jahrelang« hat sie überlegt, »wie ich sie rühren wollte und bewegen« (2180). Nach den Erfahrungen der Rhetorik bewirkt das »movere«, also das Bewegen und Rühren, eine »als solche nur momentane, wenn auch in ihrer Wirkung durchaus nachhaltige seelische Erschütterung [...] im Sinne einer Parteinahme für die Partei des Redners«[10]. Auch Shrewsbury kennt die Lehren der Rhetorik und empfiehlt, »nicht auf Euer Recht« (2197) zu pochen, also nicht juristisch oder politisch zu argumentieren, sondern sich »unterwürfig« (2217), »ehrerbietig« (2195) zu geben: »[...] demütigt Euch! (2193) [...], sie ist nicht gefühllos« (2209). Als Bittende und Flehende soll sie zum Herzen reden, um Mitleid zu erregen und Gnade zu erwirken. Dies scheint ein Erfolg versprechendes Konzept zu sein, von dem auch Leicester überzeugt ist; denn auch er erwartet, dass sich bei Elisabeth »die Großmut und das Mitleid« (2238) einstellen werden, sobald sie Maria, die »halb ohnmächtig auf die Amme gelehnt« (nach 2232) ist, nur erblickt. Das

Die geplante Redestrategie Marias

Gespräch wird von beiden Königinnen also weniger inhaltlich als vielmehr redetaktisch vorgeplant.

Dem Konzept entsprechend entschließt sich Maria, sich zu »unterwerfen« (2245), sich »nieder[zu]werfen« (2248) und in dieser Haltung Elisabeth anzureden. Doch schon diese Überwindung gelingt nicht ganz: Keineswegs redet sie Elisabeth als Königin an, sondern als »Schwester« (2253) und sie preist nicht *sie* als erfolgreiche Herrscherin, sondern sie preist die »*Gottheit* […], die Euch erhöhte« (2252). Vor allem aber fordert sie, nachdem sie ihre Unterwerfungspflicht in drei Zeilen erfüllt zu haben glaubt: »Doch seid auch Ihr nun edelmütig, Schwester!« (2253).

Das Konzept scheitert. Elisabeth beharrt auf ihrem Status, bestätigt, dass die am Boden Liegende an dem ihr zukommenden »Platz« (2257) sei, verweigert Mitleid und Gnade und erinnert an den Prozess, der erwiesen habe, dass Maria sie, die Königin von England, habe »ermorden lassen wollen« (2286). Damit wird die Unterredung doch noch zu einer juristischen und politischen Auseinandersetzung, in der Elisabeth auf die Forderung Marias »Nennt mir meine Schuld« (2321) zunächst keine konkrete Antwort geben kann. Stattdessen greift sie Maria nun offen als politische Gegnerin an, die dazu angeleitet wurde, »Euch meine Königstitel zuzueignen« (2337). Es nutzt Maria nichts mehr, »jedwedem Anspruch auf dies Reich« (2379) zu entsagen. Für Elisabeth ist dieser Verzicht nur Anlass persönlichen Triumphes, nicht Grund zu »Edelmut« (2392). Sie spielt den Triumph nicht nur offen aus – »Bekennt Ihr endlich Euch für überwunden?« (2403) –, sondern fügt eine persönliche Beleidigung hinzu: »Es lüstet keinen, Euer vierter Mann zu werden« (2409). Damit glaubt sie Maria endlich nicht nur politisch, sondern auch als Frau überwunden zu haben. Die

»Reizungen« (2413) Marias, von denen Leicester sprach, sind ihrer Ansicht nach wirkungslos geworden. Sie glaubt in diesem Augenblick, dass Maria auch als Frau erledigt sei.

Doch genau in dem Augenblick, in dem Elisabeth den Gipfel ihrer Macht erreicht zu haben glaubt, wird die Brüchigkeit dieses Anspruchs erwiesen. Maria gibt ihre Mäßigung auf, verzichtet auf alle taktischen und rhetorischen Finessen, bestreitet Elisabeth in offener ungeplanter Rede das »Recht« (2450) zu regieren, bestreitet ihre Tugendhaftigkeit, indem sie auf »die wilde Glut verstohlner Lüste« (2429) unter dem Tugendmantel verweist, und verurteilt sie als »Bastard«, nämlich als uneheliche Tochter Heinrichs VIII., die sich auf die Macht, nicht aber auf Tugend und Recht stützen könne:

> Das Verlassen der Redestrategie

Regierte Recht, so läget *Ihr* vor mir
Im Staube jetzt, denn *ich* bin Euer König (2450 f.).

Maria genießt »einen Augenblick der Rache, des Triumphs« (2456). Sie hat ihre Gegnerin im Rededuell überwunden, hat das letzte Wort gehabt, hat Mortimer begeistert und Elisabeth »vor ihrem Buhlen« (2463), nämlich Leicester, bloßgestellt. Von diesem erreichten Gipfelpunkt führt der Weg allerdings nicht zur Befreiung, sondern – im Gegenteil – direkt in den Tod, veranlasst durch ihre Gegnerin Elisabeth, die auf die ihr zur Verfügung stehenden Machtmittel zurückgreifen kann.

Die Konzeption der Tragödie

Im Mai 1799 schreibt Schiller an seinen Freund Körner, dass er »auf ein neues Trauerspiel fixiert«[11] sei; einige Wochen später berichtet er Goethe: »Ich fange schon jetzt an […], mich von der eigentlich tragischen Qualität meines Stoffes immer mehr zu überzeugen und darunter gehört besonders, daß man die Catastrophe gleich in den ersten Scenen sieht, und indem die Handlung des Stückes sich davon wegzubewegen scheint, ihr immer näher und näher geführt wird.«¹² Gleich im zweiten Auftritt des ersten Aufzugs wird Maria, die ihren letzten Willen formulieren will, von ihrem Gefängniswächter gemahnt: »Schließt Eure Rechnung mit dem Himmel ab« (232). Von Mortimer (578), später von Burleigh (688) erfährt sie, dass das Todesurteil gefällt ist, das dann im zehnten Auftritt des fünften Aktes vollzogen wird. Alle Versuche, die unternommen werden, Maria vor der Hinrichtung zu bewahren und ihr die Freiheit zurückzugeben, scheitern nicht nur, sondern machen die Hinrichtung gewisser: Mortimers Aktion misslingt; das falsche Spiel Leicesters wird aufgedeckt; der Attentatsversuch Savages (2613) wird abgewehrt; die Begegnung der Königinnen, die Maria zu einem Gnadenappell nutzen wollte, endet in einem offenen Streit, den Elisabeth nur durch Einsatz der höchsten Machtmittel für sich entscheiden zu können glaubt. Wenige Stunden nach dem offen ausgetragenen Konflikt der Königinnen wird Maria hingerichtet.

> Das Tragische an der Situation Marias

Die Hinrichtung Marias ist unaufhaltsam. Ihr Tod ist tragisch, nicht nur traurig; denn sie ist insofern unschuldig, als sie auf Grund falscher Aussagen in einem unzulässigen Verfahren verurteilt wird. Sie ist ein Opfer der Machtpolitik. Doch nimmt Maria das Urteil an, um Buße zu tun für weit zurückliegende Vergehen. Sie erklärt Melvil, dem Priester:

> Gott würdigt mich, durch diesen unverdienten Tod
> Die frühe schwere Blutschuld abzubüßen (3735).

Sie stirbt also nicht – auch das ist hervorzuheben – als Zeugin ihres Glaubens, was das Drama zum Märtyrerdrama machen würde, sondern sie geht – wie die Formel schon in der Tragödie des *König Ödipus* von Sophokles lautet – unschuldig-schuldig in den Tod. Die Mitwisserschaft oder Beteiligung an der Ermordung ihres Gatten lastet als »Schuld« (296) auf ihr, auch wenn sie von der Kirche vergeben wurde; sie erläutert dies Kennedy:

Und blutig wird sie auch an mir sich rächen,

Du sprichst mein Urteil aus, da du mich tröstest (321 f.).

Indem sie den Tod annimmt, befreit sie sich. Nicht nur ihre »Seele« ist bereitet »zur ew'gen Freiheit« (3483 f.). Sie hat sich aus den Fallstricken des irdischen Lebens befreit und hat jene Erhabenheit gewonnen, zu der nach Schiller der Mensch noch in dem größten Unglück und im größten Leid gelangen kann, indem er sich über das Geschick, »gegen das [er] physisch den kürzeren ziehen, […] moralisch, d. i. durch Ideen erheben«[13] kann. Maria gewinnt im Tod eine höhere Freiheit, als ihr durch die Befreiungstat Mortimers oder Leicesters hätte zuteil werden können. Fallstricke des irdischen Lebens sind nicht nur die von der Amme Kennedy aufgeführten »Laster« (362), sondern genauso die Intrigen und diplomatischen Spiele am Hof, die rhetorischen Kniffe politischer Beredsamkeit und pseudojuristischer Argumentation, insgesamt also das Machtspiel in Politik und Geschichte. Für einen Augenblick scheint sogar Elisabeth dieser höheren Einsicht nahe, als sie den Brief Marias liest und »ihre Tränen trocknend« meditiert:

Die »Befreiung« Marias

Was ist der Mensch! Was ist das Glück der Erde!

Wie weit ist diese Königin gebracht,

Die mit so stolzen Hoffnungen begann.

6. INTERPRETATION

[...]
Wehmut ergreift mich, und die Seele blutet,
Dass Irdisches nicht fester steht, das Schicksal
Der Menschheit, das entsetzliche, so nahe
An meinem eignen Haupt vorüberzieht (1528–41).

Burleigh verweist ihr diese Gedanken und mahnt sie, »das Notwendige zu tun« (1553). Indem sich Elisabeth von dem politisch Notwendigen bestimmen lässt, begibt sie sich der »subjektiven moralischen Übermacht«[14].

Sie erreicht so nicht die Erhabenheit höherer Freiheit, sondern bleibt im Irdisch-Alltäglichen gefangen.

Schiller gibt sich als Moralist und als Idealist zu erkennen. Ob diese »idealische und über alle möglichen Fälle sich erstreckende Sicherheit, deren wir uns bei Vorstellung des Erhabenen bewußt werden«[15], im 21. Jahrhundert noch überzeugen kann, müsste diskutiert und geprüft werden.

7. Autor und Zeit

Friedrich Schiller wird am 10. November 1759 in Marbach am Neckar als Sohn des Wundarztes Johann Caspar Schiller und der Gastwirtstochter Elisabeth Dorothea Schiller geboren. Da der Vater Leutnant im Regiment von Herzog Carl Eugen von Württemberg ist, zieht die Familie 1762 in die württembergische Residenzstadt Ludwigsburg. Hof und Hofstaat, Residenz und das Leben in der Residenz sind Schiller also von Kind an vertraut.

> Kindheit

In Ludwigsburg besucht er von 1767 an die Lateinschule, die auf eine geistliche Laufbahn vorbereitet. Als Herzog Carl Eugen 1771 eine »Militär-Pflanzschule« gründet, ihr einen Gymnasialzweig zuordnet und damit eine Eliteschule für den künftigen Militär- und Staatsdienst schafft, werden begabte Jungen geworben, aber auch gezwungen, in diese »Carls-Schule« einzutreten. Schillers Vater unterschreibt 1774 einen Revers, in dem die Eltern die lebenslange Übereignung ihres Sohnes Friedrich in die Verfügungsgewalt des Herzogs bestätigen.

> »Carls-Schüler«

Schiller soll zunächst die juristische Laufbahn einschlagen; im Januar 1776 beginnt er dann ein medizinisches Studium; zugleich nimmt er intensiv Anteil am Philosophieunterricht und liest die Neuerscheinungen der deutschen Literatur wie Goethes Roman *Die Leiden des jungen Werthers*. Erste Dramenskizzen hat er schon vor dem Eintritt in die Karlsschule geschrieben; während des Karlsschul-Aufenthalts verfasst er Gedichte, hält öffentliche Festreden anlässlich der Geburtstage der Gönner der »Pflanzschule« und

Friedrich Schiller
Pastellstudie von Ludovike Simanowiz 1793/94

arbeitet an einem Drama. Im Jahr 1780 reicht er eine Dissertation ein, besteht sein Examen und wird damit Regimentsarzt in Stuttgart.

Als dann im Januar 1782 sein Drama *Die Räuber* in Mannheim aufgeführt wird und es zu einem Skandal kommt, gerät Schiller in Konflikt mit Herzog Carl Eugen. Er wird zu zwei Wochen Arrest verurteilt, als er im Mai ohne Urlaub nach Mannheim reist. Außerdem erhält er Schreibverbot. Schiller flüchtet nach Mannheim, später nach Bauerbach und entzieht sich damit dem Zugriff des Herzogs. Zugleich gibt er seine berufliche Stellung auf.

Der Konflikt mit dem Herzog

Im Mittelpunkt des Dramas *Die Räuber* steht Karl Moor, ein junger Held, voll glühendem Verlangen nach Freiheit, Größe und Gerechtigkeit und voll Abscheu gegen die Zustände am Hof und die verlogene Gesellschaftsordnung. Das Drama, das bei der Erstaufführung einen ungeheuren Erfolg hat, wird als Angriff gegen die Ständeordnung und als Kritik am »Kastratenjahrhundert« verstanden. Schiller selbst gibt der zweiten Auflage der gedruckten Ausgabe das Motto »in tirannos« bei. Damit reiht er sich ausdrücklich in die Gruppe der »Stürmer und Dränger« ein, die die gegebene Staats- und Gesellschaftsordnung angreifen und für Freiheit und eine natürliche Welt- und Lebensordnung eintreten.

Sturm und Drang

Schiller plant eine literarische Karriere und setzt vorzugsweise auf das Theater. Schon im November 1782 kann er ein zweites Drama vorlegen – *Die Verschwörung des Fiesko zu Genua*; Anfang 1783 ist er bei Vorarbeiten zu *Don Karlos*. Im September 1783 erhält er in Mannheim eine Anstellung als Theaterdichter – befristet auf ein Jahr. Vor der »Deutschen Gesellschaft« in Mannheim hält er im Juni eine Rede

Vom Wirken der Schaubühne auf das Volk. Dennoch wird sein Vertrag als Theaterdichter nicht verlängert.

Als Schiller 1784 den ersten Akt des *Don Karlos* am Hof in Darmstadt in Anwesenheit des weimarischen Herzogs Carl August vorliest, eröffnet sich eine neue Perspektive. Herzog Carl August verleiht Schiller den Titel eines »Weimarischen Hofrates«, der keinen unmittelbaren Nutzen, aber doch gesteigertes Ansehen einbringt. Schiller erweitert jetzt seine Publikationstätigkeit und gründet eine Zeitschrift – *Thalia* –, der später weitere folgen werden. Er nimmt Kontakt zu Verlegern auf und siedelt im Herbst 1785 nach Dresden, wo er Hilfe und Freundschaft bei Christian Gottfried Körner findet, einem Juristen, Vater des Freiheitsdichters und Freiheitskämpfers Theodor Körner.

> »Weimarischer Hofrat«

Um seinen Bekanntheitsgrad zu erhöhen, um Kontakte zu knüpfen, aber auch der Einnahmen wegen veröffentlicht Schiller zu dieser Zeit in verschiedenen Zeitschriften Gedichte, Ausschnitte aus Dramen, eine Erzählung, literaturtheoretische und philosophische Abhandlungen. Zunehmend widmet er sich dem Studium historischer Stoffe. Die Geschichte wird für längere Zeit zum wichtigsten Arbeitsbereich, als er im Jahr 1788 auf Vorschlag Goethes eine Professur in Jena erhält, der Universitätsstadt des Herzogtums Sachsen-Weimar. Seine Antrittsvorlesung *Was heißt und zu welchem Ende studiert man Universalgeschichte* begeistert die Studenten, ruft aber die Kritik der Jenaer Fachkollegen hervor, die es für sehr ungewöhnlich halten, dass jemand Geschichte lehrt, der an keiner Universität Geschichte studiert hat.

> Professor in Jena

Schiller hält Vorlesungen über Universalgeschichte, über europäische Staatengeschichte, aber auch über die Theorie der Tragödie. Ihm wird inzwischen durch Herzog Carl August ein Jahreseinkommen von 200 Talern gewährt, so dass er finanziell abgesichert ist. Am 22. Februar 1790 heiratet er Charlotte von Lengefeld, mit der er vier Kinder haben wird. Doch schon kündet sich ein neuer Wendepunkt an: Im Januar 1791 erkrankt Schiller lebensgefährlich; nach langsamer Genesung erleidet er im Mai einen Rückfall; eine vollkommene Genesung wird ihm nicht mehr zuteil.

Die Vorlesungstätigkeit wird eingeschränkt. Die Forschungstätigkeit richtet sich mehr und mehr auf das Gebiet der Philosophie. Schiller setzt sich mit den Werken Kants auseinander und legt eigene Arbeiten zur philosophischen Ästhetik vor: *Über den Grund des Vergnügens an tragischen Gegenständen* (1792), *Über die tragische Kunst* (1792), *Über Anmuth und Würde* (1793) und *Vom Erhabenen* (1793).

> Das Epoche machende Ereignis

Im Jahr 1794 kommt es in Jena zu jenem Epoche machenden Ereignis, in dem viele Literaturhistoriker den Beginn der »Weimarer Klassik« sehen. Goethe und Schiller hatten an einem Vortrag der »Naturforschenden Gesellschaft« teilgenommen und waren im Anschluss daran in eine lebhafte Diskussion geraten, die zu keinem Abschluss kam und daher brieflich weitergeführt wurde. Dieser Briefwechsel ist das erste Zeugnis des Gedankenaustauschs und der Zusammenarbeit beider Autoren.

Für die neu gegründete Zeitschrift *Die Horen* sagt Goethe Schiller seine Mitarbeit zu. Schiller und Goethe geben zusammen einen *Musenalmanach für das Jahr 1797* mit gemeinsam verfassten meist satirischen Xenien heraus. Ein Jahr später erscheint der »Balladenalmanach« – ein Jahrbuch, in dem die bis heute bekanntesten Balladen von Goethe und Schiller erstmals veröffentlicht werden. Lebhaften Anteil nimmt Goethe an der Dramenproduktion Schillers, am »Wallenstein-Projekt« (seit 1797), an *Maria Stuart* (seit 1799), an *Die Jungfrau von Orleans* (seit 1801), an *Wilhelm Tell* (seit 1803).

Inzwischen hat Schiller seine Lehrtätigkeit ganz aufgegeben und ist mit seiner Familie nach Weimar gezogen. Im März 1802 kauft er ein Haus in Weimar und wohnt nun in unmittelbarer Nähe Goethes und in größter Nähe zu dem Theater, an dem seine klassischen Dramen zur Uraufführung kommen.

> Umzug nach Weimar

Obwohl Schiller seit Jahren chronisch krank ist, kommt sein Tod als Folge einer akuten Lungenentzündung überraschend. Er wird zunächst im Kassen-Gewölbe auf dem Weimarer Jakobsfriedhof beigesetzt und später in die Fürstengruft auf Weimars neuem Friedhof übergeführt. In Weimar wurde 1857 vor dem Hof- und heutigen Nationaltheater ein Denkmal errichtet, das Goethe und Schiller, die Repräsentanten der »Weimarer Klassik«, nebeneinander stehend zeigt.

Die Hauptwerke und ihre literaturgeschichtliche Einordnung

Die »Sturm und Drang«- Periode

Nach einem Drama von Maximilian Klinger, das zunächst *Der Wirrwarr* heißen sollte, dann aber den wirksameren Titel *Sturm und Drang* erhielt, wird eine literarische Epoche benannt, die dadurch gekennzeichnet ist, dass sich eine Reihe junger Leute gegen die verkrusteten

Zustände in Staat und Gesellschaft richteten und auf Veränderung drängten. Sie verstanden sich als »Originalgenies«, verließen sich auf ihr Herz, ihr Gefühl und ihre natürlichen Triebe und griffen die vom Verstand geprägte und normierte Gesellschaftsordnung an. Hauptangriffsziel waren die absolut regierenden Fürsten, die sie als Tyrannen und Despoten entlarvten und in denen sie die Spitze eines im Ganzen unmenschlichen Systems sahen. Neben dem jungen Goethe ist der junge Schiller der bedeutendste Repräsentant dieser Periode.

1781 *Die Räuber. Ein Schauspiel.* Karl Moor, die Hauptfigur des Dramas, ist ein für die Sturm und Drang-Zeit typischer »edler Verbrecher«, der mit seinem Verlangen nach Freiheit, Gerechtigkeit, Tat und Größe gegen die verrottete Gesellschaftsordnung angeht. Karl hat einen Bruder Franz, der ihn bei seinem Vater verleumdet und die Braut seines Bruders für sich gewinnen will. Als Karl Moor seine ihm ergebene Räuberschar gegen sein eigenes Vaterhaus führt, beginnt eine Reihe von unentschuldbaren Untaten. Karl stellt sich am Ende der Justiz.

1782 *Anthologie auf das Jahr 1782.* Diese Sammlung literarischer Texte enthält hauptsächlich Gedichte, die später zum Teil von Schiller selbst als »überspannt« kritisiert wurden: *Der Triumph der Liebe, Die Kindsmörderin, Die Freundschaft, Oden an Laura.*

1783 *Die Verschwörung des Fiesko zu Genua. Ein republikanisches Trauerspiel.* Als Gianettino Doria in Genua nach der Herzogwürde strebt, sammelt sich eine Gruppe, die das verhindern will. Zu ihr stößt Fiesko, Graf von Lavagna, der ebenfalls Gianettino beseitigen will, aber nur um selbst Alleinherrscher zu werden. Die Gruppe der republikanisch Gesonnenen siegt am Ende und stürzt Fiesko, der sich schon »mit der Purpurwürde« geschmückt hat, ins Meer.

1784 *Kabale und Liebe. Ein bürgerliches Trauerspiel.* Das Drama bietet ein getreues Bild von den Zuständen in einem kleinen deutschen Fürstentum am Vorabend der Revolution: Luise, die Tochter des Stadtmusikanten Miller, hat sich in Ferdinand, den Sohn des Präsidenten Walter, verliebt und dieser sich in sie. Was dem Vater Luises moralisch bedenklich ist, bereitet dem Vater Ferdinands aus pragmatischen Gründen erheblichen Ärger; denn er strebt für den Sohn eine politisch ausnutzbare Partie an. An diesen Widerständen scheitert das junge Paar.

1784 *Vom Wirken der Schaubühne auf das Volk.* Antrittsrede vor der Kurpfälzischen Deutschen Gesellschaft in Mannheim. – Diese Rede, die ein Jahr später unter dem Titel *Was kann eine gute stehende Schaubühne eigentlich wirken* in der Zeitschrift *Rheinische Thalia* gedruckt wird und dann leicht verändert unter dem wirkungsvollen Titel *Die Schaubühne als moralische Anstalt betrachtet* in Schillers Gesamtausgaben einging, soll die Zuhörer von der Leistungsfähigkeit des Theaters überzeugen. Sie enthält im Ansatz die Konzeption des Autors: das Theater nicht mehr als Ort der Unterhaltung und des Vergnügens, sondern – in der Weiterführung der Gedanken Gottscheds, Lessings und anderer Theoretiker – als Stätte individueller und allgemeiner Bildung. Alle weiteren theatertheoretischen und ästhetischen Schriften ergänzen den hier begonnenen Beweisgang.

Die Entwicklung eines klassischen Konzepts

Zugleich mit dem Ablauf seines Vertrags als Theaterdichter in Mannheim und der Verleihung des Titels eines »Weimarischen Rates« beginnt eine langsame Umorientierung Schillers, die an den Arbeitsphasen des langsam entstehenden Dramas *Don Karlos* und an den begleitenden Studien zu dieser Zeit deutlich wird. Schiller betreibt intensive Geschichtsstudien, beschäftigt sich mit philosophischen und sozialen Fragen und gibt seinem neuen Drama eine feste metrische Form.

1787 *Don Karlos, Infant von Spanien. Ein Dramatisches Gedicht.* Don Karlos, Sohn Philipps II., des Königs von Spanien, und also Thronfolger, lehnt sich gegen seinen Vater auf, nimmt – zusammen mit seinem Freund Marquis von Posa – Partei für die aufständischen Niederländer und fordert vor allem »Gedankenfreiheit«. Er kommt aber weder gegen den Vater noch gegen die allmächtige Inquisition an. Die Familientragödie ist gleichzeitig ein geschichtliches Trauerspiel mit weltgeschichtlichen Perspektiven.

1788/89 *Die Götter Griechenlands, Die Künstler.* Philosophische Gedichte.

1788 *Geschichte des Abfalls der vereinigten Niederlande von der spanischen* Regierung.

1790 *Geschichte des Dreyßigjährigen Krieges.* Drei Teile bis 1792.

1793 *Über Anmut und Würde.* Ästhetische Abhandlung in *Neue Thalia*.

7. AUTOR UND ZEIT

»Weimarer Klassik«

Als »Weimarer Klassik« bezeichnet man jene Periode von etwa zehn Jahren, in der Schiller und Goethe, unbeeinflusst von den revolutionären und kriegerischen Unruhen in Europa, für ein Kunstideal werben, das, aus der Antike abgeleitet, überzeitliche Gültigkeit haben sollte. Harmonie ist das erstrebte Ziel, das die Leitlinie für das Zusammenleben der Menschen, aber auch für seine künstlerischen und sprachlichen Gestaltungen abgeben soll.

1795 *Über die ästhetische Erziehung des Menschen, in einer Reihe von Briefen.*

1797 *Der Handschuh, Der Ring des Polykrates, Der Taucher, Die Kraniche des Ibykus.* Balladen.

1798/99 *Wallenstein. Ein dramatisches Gedicht*, bestehend aus: *Wallensteins Lager, Vorspiel*; *Die Piccolomini, Schauspiel*; *Wallensteins Tod, Trauerspiel*. Wallenstein, einer der größten und populärsten Feldherren des Dreißigjährigen Krieges, ist in Schwierigkeiten geraten und wird von Selbstzweifeln gepackt. Er ist nicht mehr Herr der Lage und plant, vom Kaiser abzufallen und die Fronten zu wechseln. Ehe es zum Verrat kommt, wird Wallenstein von seinen eigenen Leuten umgebracht.

1800 *Das Lied von der Glocke.* In allegorische Form gebrachter Preisgesang auf das bürgerliche Leben, in dem Natur und Kultur eine Einheit bilden.

1800 *Maria Stuart.* Trauerspiel.

1801 *Die Jungfrau von Orleans. Eine romantische Tragödie.* Dramatische Behandlung der Geschichte der Jeanne d'Arc, die in den Kämpfen gegen England Karl VII. unterstützte und diesem zur Krönung in Reims verhalf, selbst aber 1431 in Rouen als Zauberin und Ketzerin verurteilt und verbrannt wurde.

1804 *Wilhelm Tell. Schauspiel.* Die Sage von dem treffsicheren Schützen Wilhelm Tell wird in einen Zusammenhang gebracht mit den Freiheitskämpfen der Schweizer Kantone gegen die Zwangsherrschaft der Habsburger, verkörpert in deren Vogt Geßler. Kernszene des Dramas ist der Rütli-Schwur: »Wie wollen sein ein einzig Volk von Brüdern.« Tell befreit das Volk von Geßler, nachdem dieser ihn gezwungen hatte, seine Treffsicherheit durch den Schuss eines Apfels vom Kopf seines Sohnes zu beweisen.

8. Rezeption

Als Schillers Drama *Maria Stuart* am 14. Juni 1800 im Weimarer Hoftheater uraufgeführt wurde, war der Autor als Dichter und Meister der dramatischen Form allgemein anerkannt. Trotzdem gab es kritische Stimmen. Kontrovers wurden die Rolle Mortimers, die Abendmahl- oder genauer die Beicht- und Kommunion-Szene im fünften Akt und die historisch nicht belegte Begegnung der beiden Königinnen diskutiert. Die Liebeserklärungen Mortimers waren auch bei späteren Aufführungen ein Stein des Anstoßes. Als problematisch erwies sich, dass dem Publikum eine Königin auf dem Weg zu ihrer Hinrichtung so intensiv vorgeführt wurde. Eine besonders heftige Gegnerschaft fand das Drama in katholischen Gegenden. In Köln und Aachen wurden Aufführungen untersagt, in Wien wurden sie nicht einmal geplant.

Kritische Stimmen

Im 19. Jahrhundert rückte der Lehrplan der deutschen Gymnasien die Lektüre der deutschen Klassiker dann immer mehr in den Mittelpunkt. Die meisten Dramen von Goethe und Schiller wurden zur Pflichtlektüre erklärt. *Maria Stuart* wurde an vielen Schulen – so am Berliner Gymnasium »Zum Grauen Kloster« – der 10. Klasse zugeordnet. Es muss jedoch eingeräumt werden, dass die Didaktiker der Zeit den anderen Dramen Schillers, vor allem dem *Wallenstein*, dem *Wilhelm Tell* und sogar der *Jungfrau von Orleans* den größeren Bildungswert zusprachen. Auf den deutschsprachigen Bühnen wurde Schillers *Maria Stuart* auch im 20. Jahrhundert in regelmäßigen Abständen inszeniert: »Der Statistik zufolge gehörte

Schullektüre

Bühnenerfolge

Maria Stuart von Anfang an zu den bühnenwirksamsten Dramen Schillers.«[16] Dabei zeigt sich, dass die einzelnen Inszenierungen unterschiedliche Schwerpunkte setzten. Am wenigsten geht es modernen Inszenierungen um die Offenlegung welthistorischer Auseinandersetzungen; oft wird der »Machtpoker« in die moderne Zeit – also z. B. auch in den Bereich der Wirtschaft – verlegt; besonderes Interesse erweckt die Rivalität der beiden Frauen. Zur Diskussion gestellt werden ihre Rollen, ihre unterschiedlichen Seelenlagen, ihre Handlungsweisen, ihre Erwartungen und ihre Enttäuschungen.

> Die Geschichte der Maria Stuart hatte sich bereits »zu einem der Musterstoffe für die Märtyrertragödien des 16. und 17. Jahrhunderts«[17] entwickelt, ehe Schiller ihm die klassische Formung gab. Von den nachfolgenden Bearbeitungen ist dann keine ernsthafte Konkurrenz mehr ausgegangen. Weder Wolfgang Hildesheimers Stück *Mary Stuart* (1971) noch die parodistische Umarbeitung der Streitszene aus dem dritten Akt zum »Streit der Fischweiber«[18] von Bertolt Brecht ist mehr als eine Episode in der Rezeptionsgeschichte der Schiller-Tragödie gewesen.

9. Checkliste: Fragen und Aufgaben

1. Welche Vorstellungen hat Schiller vom Theater und von dramatischer Dichtung?
   Was können Dramen und die »Schaubühne« leisten?
   Welche Wirkungen sollen beim Publikum erzielt werden?

2. Vor welchem historischen Hintergrund ist die Tragödie der Maria Stuart zu sehen?
   Skizzieren Sie in großen Zügen die politische Lage Europas zur Zeit der Herrschaft Elisabeths.
   Inwieweit ist die Zeit durch Glaubenskämpfe, inwieweit durch Machtkämpfe bestimmt?

3. Inwiefern können die beiden Hauptfiguren des Dramas – Maria und Elisabeth – als Repräsentantinnen von Macht- und Glaubenspositionen angesehen werden?
   Stellen Sie Gemeinsamkeiten und Unterschiede der beiden Hauptpersonen des Dramas heraus. Vergleichen Sie die Herkunft, den gesellschaftlichen Stand, die politische Position, die Lebensgeschichte, Charaktereigenschaften, Selbstbewusstsein, Wirkung auf andere Personen. Beurteilen Sie entweder beschreibend oder durch eine Punktwertung die beiden Personen, inwieweit sie Ihnen sympathisch oder unsympathisch sind und inwieweit Sie ihr Handeln akzeptieren oder ablehnen.

4. Charakterisieren und beurteilen Sie das Politikverständnis der Mitglieder des Kronrats und Elisabeths.
   Äußern Sie in der Art des Politbarometers ihre Einstellung zu den Personen und Positionen.

5. Welche Bedeutung hat die Religion für Elisabeth, Burleigh, Maria, Melvil?

6. Beurteilen Sie den Prozess, der gegen Maria geführt wurde, unter politischen und unter juristischen Gesichtspunkten.

7. Erläutern Sie, inwiefern *Maria Stuart* ein analytisches Drama ist.
Welche Handlungen und Ereignisse gehen dem dargestellten Bühnengeschehen voraus?
Wie ist die dargestellte Handlung mit der Vorgeschichte verknüpft?

8. Wie verläuft der Konkurrenzkampf der beiden Königinnen?
Auf welchen Gebieten konkurrieren sie?
Wie werden die Kämpfe entschieden?
Welche Folgen haben die Auseinandersetzungen?

9. In der Tragödie wird erörtert, wie und vor wem ein Mensch »schuldig« wird.
Erläutern Sie, was Sie unter Schuld verstehen.
Erörtern Sie, inwiefern die Hauptpersonen schuldig werden.
Stellen Sie die Frage im Hinblick auf die übrigen Personen: Burleigh, Davison, Leicester, Mortimer.
Wie wird Schuld bestraft, gebüßt, gesühnt?
Ist Marias Tod »tragisch«?

10. Inwiefern kritisiert das Drama die Praxis der Gerichtsrede, der politischen Rede und der Preisrede, wie sie am Hof üblich sind? Welche Vorstellung von Rhetorik soll der Zuschauer gewinnen?

11. Erklären Sie, was das Drama zu einer Tragödie macht.

12. Machen Sie Vorschläge, wie man die Tragödie heute inszenieren sollte.

Welchen Themenschwerpunkt würden Sie setzen?
  Maria Stuart als historisches Drama?
  Maria Stuart als politischer Machtkampf?
  Maria Stuart als Rivalitätskampf zweier Frauen?
Wie würden Sie das Bühnenbild gestalten?
  Historische Kulisse?
  Modernes politisches oder wirtschaftliches Machtzentrum?
  Abstrakt: Ohne Anspielungen auf eine Zeit?
Wie würden Sie die Schauspieler kostümieren?
  Historische Kostüme?
  Alltagskleidung?
  Gesellschaftskleidung auf der einen, Gefängniskleidung auf der anderen Seite?
Welche Szenen würden Sie bei einer Inszenierung kürzen, welche streichen?

10. Lektüretipps / Filmempfehlungen

Werkausgaben

Als Gesamtausgabe, in der unter anderem die historischen und philosophischen Schriften und die zu Drama und Theater zu finden sind, allerdings keine Briefzeugnisse, empfiehlt sich:

Friedrich Schiller: Sämtliche Werke. Fünf Bände. Hrsg. von Gerhard Fricke und Herbert G. Göpfert. München: Hanser, 1958/59.

Außer der Reclam-Ausgabe (UB 64), nach der zitiert wird, gibt es mehrere andere Schulausgaben zu *Maria Stuart*.

Kommentare

Zu allgemeinen Fragen, die das Werk und die Person Schillers betreffen, geben zwei Kommentar-Werke Auskunft:

Koopmann, Helmut: Schiller-Handbuch. Stuttgart 1998.
– Schiller Kommentar. Bd. I: Zu den Dichtungen. Bd. II: Zu den philosophischen, historischen und vermischten Schriften. München 1996.

Erläuterungen und Interpretationen zu *Maria Stuart*

Während der Theaterbesucher eine Inszenierung des Schiller-Dramas auch ohne besondere Einführungen verstehen dürfte, ist der Leser, der bis in Einzelheiten des Textes vordringen will, auf Erläuterungen angewiesen, die sowohl die Sprache als auch den Stoff des Dramas betreffen. Unentbehrlich scheint:

Grawe, Christian: Erläuterungen und Dokumente: Friedrich Schiller: *Maria Stuart*. Stuttgart 1979.

Hingewiesen sei auf folgende Interpretationen:

Beck, Adolf: *Maria Stuart*. In: Das deutsche Drama. Hrsg. von Benno von Wiese. Bd. 1. Düsseldorf 1958. S. 305–321.
Leipert, Reinhard: Friedrich Schiller: *Maria Stuart*. München 1991. (Oldenbourg Interpretationen.)
Sautermeister, Gert: *Maria Stuart*. In: Interpretationen: Schillers Dramen. Hrsg. von Walter Hinderer. Stuttgart 1992. S. 280–335.
Storz, Gerhard: Schillers *Maria Stuart*. In: Interpretationen Bd. 2.: Deutsche Dramen von Gryphius bis Brecht. Hrsg. von Jost Schillemeit. Frankfurt a. M. / Hamburg 1965. (Fischer-Bücherei.) S. 172–184.

Von einzelnen Inszenierungen hat es Fernsehbearbeitungen gegeben, die jedoch schwer zugänglich sind. Ein Filmbericht über die historische Maria Stuart kann als Vorbereitung auf die Lektüre und Interpretation von Schillers Werk dienlich sein:

Tötet die Hure. Der Fall der Maria Stuart. Sphinx: Geheimnisse der Geschichte. Video Universal Film GmbH & Co. KG.

10. LEKTÜRETIPPS/FILMEMPFEHLUNGEN

Biographien

In knapper Form, unterstützt von Abbildungen, informieren:

Burschell, Friedrich: Friedrich Schiller in Selbstzeugnissen und Bilddokumenten. Hamburg 1958. (rm 14.)
Oellers, Norbert: Schiller. Elend der Geschichte, Glanz der Kunst. Stuttgart 2005.
Wertheim, Ursula: Friedrich Schiller. Leipzig 1981.
Wilpert, Gero von: Schiller-Chronik. Sein Leben und Schaffen. Stuttgart 2000.

Knappe Einführungen zu den einzelnen Lebensstationen des Dichters und umfangreiches authentisches Material bietet der Band:

Schillers Leben dokumentarisch, in Briefen, zeitgenössischen Berichten und Bildern. Zusammengestellt von Walter Hoyer. Köln 1967.

Von den folgenden umfangreicheren Lebensdarstellungen lenkt Peter Lahnstein das Interesse hauptsächlich auf die Lebens- und Schaffensbedingungen Schillers; von Wiese widmet sich vor allem den Werken; die neueste, zweibändige Lebensbeschreibung von Peter-André Alt sucht Leben, Werk und Zeit in eine Beziehung zu setzen:

Alt, Peter-André: Schiller. Leben-Werk-Zeit. Eine Biographie. 2 Bde. München 2000.
Lahnstein, Peter: Schillers Leben. München 1981.
Wiese, Benno von: Friedrich Schiller. Stuttgart 1959.

Anmerkungen

1 Friedrich Schiller, *Was kann eine gute stehende Schaubühne eigentlich wirken?*, in: Friedrich Schiller, *Sämtliche Werke*, Bd. 5: *Erzählungen. Theoretische Schriften*, hrsg. von Gerhard Fricke und Herbert G. Göpfert, München 1980, S. 826.
2 Schiller (Anm. 1), S. 828.
3 Schiller (Anm. 1), S. 822.
4 Martin Esslin, *Was ist ein Drama? Eine Einführung*, München 1978 (Serie Piper 181), S. 19.
5 Esslin (Anm. 4), S. 21.
6 Gero von Wilpert, *Sachwörterbuch der Literatur*, 7., verb. und erw. Aufl., Stuttgart 1989, S. 29.
7 Friedrich Schiller in einem Brief an Goethe am 26. 4. 1799, in: Johann Wolfgang Goethe, *Gedenkausgabe der Werke, Briefe und Gespräche*, hrsg. von Ernst Beutler, Bd. 20: *Briefwechsel mit Schiller*, Zürich 1950, S. 695.
8 Schiller in einem Brief an Goethe am 18. 6. 1799, in: Goethe (Anm. 7), S. 710.
9 Schiller in einem Brief an Iffland am 22. 6. 1800. Zitiert nach: Benno von Wiese, *Friedrich Schiller*, Stuttgart 1959, S. 717.
10 Heinrich Lausberg, *Handbuch der literarischen Rhetorik*, Bd. 1, München 1960, S. 142.
11 Schiller in einem Brief an Körner am 8. 5. 1799. Zitiert nach: Christian Grawe, *Erläuterungen und Dokumente, Friedrich Schiller, »Maria Stuart«*, Stuttgart 1978, S. 59.
12 Schiller in einem Brief an Goethe am 18. 6. 1799, in: Goethe (Anm. 7), S. 710.
13 Friedrich Schiller, *Vom Erhabenen*, in: Schiller (Anm. 1), S. 489.
14 Schiller, *Vom Erhabenen* (Anm. 1), S. 503.
15 Schiller, *Vom Erhabenen* (Anm. 1), S. 502.
16 Gert Sautermeister, »Maria Stuart. Ästhetik, Seelenkunde, historisch-gesellschaftlicher Ort«, in: Walter Hinderer (Hrsg.), *Schillers Dramen. Neue Interpretationen*, Stuttgart 1979, S. 174.
17 Elisabeth Frenzel, *Stoffe der Weltliteratur. Ein Lexikon dichtungsgeschichtlicher Längsschnitte*, 3., überarb. und erw. Aufl., Stuttgart 1970, S. 467.
18 Bertolt Brecht, *Der Streit der Fischweiber*, in: Grawe (Anm. 11), S. 199.

Raum für Notizen